वर्षों साथ निभाने वाला जीवनसंगी जब अचानक साथ छोड़ जाए, तो मनुष्य एक बेजान शरीर बनकर रह जाता है। उसके जीवन की सारी उमंग, सारा उत्साह एक झटके में ही उससे कोसों दूर चले जाते हैं। *कंकड़ी* की कहानी भी एक ऐसे ही नायक के इर्द-गिर्द घूमती है जो पत्नी के देहांत के बाद, भरापूरा स्नेहिल परिवार साथ होने के बावजूद स्वयं को बेहद अकेला महसूस करता है।

पत्नी के बिछोह के साथ ही नायक आनन्द सिन्हा अपनी सारी खुशियां तिरोहित कर देते हैं। फिर एक दिन किस्मत उन्हें जीवन के उस पड़ाव पर पहुंचा देती है जहां वे भावों के जाल में उलझकर रह जाते हैं। नायक के मन में चलने वाला भावों का संघर्ष ही *कंकड़ी* का कथानक है।

लेखिका मनोरमा जफ़ा संवेदनाओं के स्वाभाविक चित्रण के लिए जानी जाती हैं। उनकी अनेक रचनाओं का विभिन्न विदेशी भाषाओं में अनुवाद हुआ है। साथ ही, वे एक लोकप्रिय बाल-साहित्यकार हैं।

कंकड़ी

(एक सामाजिक उपन्यास)

मनोरमा जफ़ा

राजपाल

मूल्य: ₹ 125/- (एक सौ पचीस रुपये)

प्रथम संस्करण : 2010 आवृत्ति 2011

ISBN: 978-81-7028-853-4
KANKARI (Novel) by Manorama Jafa
Printed at Deepika Enterprises, Delhi

राजपाल एण्ड सन्ज़, कश्मीरी गेट, दिल्ली-110 006
website : www.rajpalpublishing.com
e-mail : mail@rajpalpublishing.com

1

पिकाडली होटल की सीढ़ियों से नीचे उतरा ही तो था। इरादा था मनाली के देवदार के वृक्षों की छाया में सड़क पर टहलकर आनन्द लूँगा। पौ फट रही थी, ज़रा अँधेरा था। चिड़ियों की चहचहाहट ने मन विभोर कर दिया। मैं, एक कोने में दो क्षण आँखें बंद करके खड़ा हो गया। आँखें खोलीं। पहाड़ों के बीच से पूरब से उगता किरणों को फैलाता हुआ सूरज। बड़ा मनोहर दृश्य था। सड़क के दूसरी तरफ़ नीची घाटी में नदी बह रही थी। मैं सड़क पार करके नदी की घाटी के किनारे खड़े होकर नदी की कलकल सुनने लगा।

देवदार के पेड़ों की खुशबू लिए ठंडी बयार मुझे छूकर चली गई, मैंने अपना शॉल कसकर लपेट लिया और मुग्ध हो वहाँ खड़ा रहा।

मैंने घड़ी देखी। होटल में सुबह का नाश्ता लग गया होगा। सड़क पार करके मैं सीढ़ियाँ चढ़कर होटल में पहुँचा और जल्दी से चाय नाश्ता करके फिर नीचे आ गया। दिल्ली की मई महीने की गर्मी और वहाँ के उबा देने वाले झंझटों से निकलकर मन बदली के लिए अकेला ही मनाली घूमने चला आया था।

चार महीने पहले ही, कमला, मेरी पत्नी गुज़री थी। कमला के साथ कितने वर्ष बिताए थे। कमला को भूल

नहीं पा रहा था। मेरी बात से वह अक्सर दुखी तो होती थी पर वह भी मुझे समझ गई थी। वह चालाकी से जो मैं 'न' करने की बात कहता, वह चट से उसका उलटा कहकर अपने मन की करवा लेती और मन-ही-मन ख़ुश हो जाती। अगर कभी ईमानदारी से भोलेपन में वह सच बात कह जाती मैं उसका उलटा कर देता तब मुझे दोष न देकर सदा वह अपने को ही दोष देती और ख़ुश रहना तो उसकी नस-नस में था। ज़रा-सी हँसी की बात पर पेट पकड़-पकड़कर हँसती। उसके हँसने पर भी मुझे गुस्सा आ जाता था। उसके यों अचानक मुझे अकेला छोड़कर जाने के बाद मन बड़ा दुखी था। रह-रहकर अपनी करनी पर इतना पछतावा होता था कि मेरा दुख जैसे किसी फोड़े पर फोड़ा-सा हो गया। आखिर मैंने ऐसा क्यों किया? हर क्षण कमला की छवि छाया की तरह मेरा पीछा कर रही थी। उसकी खट्टी, मीठी कड़ुवी यादें। खाने के समय मेज़ के पास उसकी खाली कुरसी और रात के समय पलंग पर उसकी खाली जगह मन कुलबुलाकर रख रही थी।

कमला के जाने के बाद मेरे दोनों पुत्रों ने, बड़े बेटे अखिल और छोटे बेटे अविनाश ने मुझे विदेश घूम आने की सलाह दी थी, पर मैंने दिल्ली और अपने घर से न निकलने की ठान ली थी। मेरा कमरा, कमला की चटुकारी बातों से महक रहा था और मैं उसके मायाजाल में फंसा पागल-सा बैठा था। उसके न होने पर भी ऐसे समझे बैठा था कि जैसे वह मेरे पास ही बनी हुई है। उसके कपड़े, उसकी बिन्दी, उसकी चप्पलें, सब मैंने अपने कमरे में वैसी की वैसी ही उसी जगह पर रख छोड़ीं थीं। जैसे-तैसे चार महीने बीत गए। घर में पुत्र और पुत्रवधुओं का मैं केंद्रबिंदु था। इसका मुझे आभास तब हुआ जब मेरी छोटी पुत्रवधू रेनुका एक दिन रात के खाने के बाद मेरे पास वाली कुरसी पर बैठ गई। मेरे दोनों बेटे, बड़ी बहू गीता, बच्चे खाना खाकर चले गए थे। रेनुका ने मुझे पकड़ा। 'पापा जी, आपसे जरूरी बात करनी है।'

'इस वक्त?'

'हाँ अभी, यहीं।'

मैं ठिठककर अपनी कुरसी पर बैठ गया। 'बोलो क्या कहना है।'

'पापा जी, मम्मी जी को गुज़रे चार महीने बीत गए। आप कैसा जीवन जी रहे हैं? यह भी कोई जीवन है, देखिए पापा जी, आपको परिस्थिति को

स्वीकारना होगा। न आप ठीक से खाते हैं, न आप किसी से बात करते हैं। बस हर वक्त मुँह बनाकर बैठे रहते हैं। बिलकुल अच्छा नहीं लगता।'

रेनुका की बात सुनकर मैं झल्ला गया।

'तो क्या करूँ?'

'पापा जी! बताइए आप कहाँ घूमने जाना चाहते हैं, हम आपको वहीं ले चलेंगे।'

मैंने अपने होंठ सिल लिए थे। रेनुका ही बोले चली जा रही थी। उसने बात को इतना कुरेदा, इतना कुरेदा पर मैं बिलकुल मौन साधे बैठा रहा। उसकी बात इस कान सुनी और उस कान निकाल दी। रेनुका मन-ही-मन गुस्सा हो गई। उसका माथा सिकुड़ गया। वह उठकर, मुझे वहीं छोड़कर चौके में चली गई। उसके वहाँ से जाते ही मेरे कठोर हृदय को जाने क्या हो गया। मेरी आँखों से टप-टप आँसू मेज़ पर बिछे मैरून रंग के हैंडलूम के मेज़पोश पर गिर पड़े और मेज़पोश उसी-उसी स्थान पर भीग गया था।

इतने में रेनुका दो मगों में चाय लेकर आ गई। चाय में उसने भी कमला की तरह छोटी इलायची डाली थी। इलायची की ख़ुशबू ने मेरा मन और ख़राब कर दिया। इलायची की चाय घर में केवल कमला और मैं ही पीते थे। अखिल और अविनाश अपनी बहुओं के साथ दार्जिलिंग की स्पेशल चाय पीते थे। पर आज रेनुका ने मेरे लिए और अपने लिए इलायची वाली चाय बनाई थी। उसने चाय से भरा मग मेरे सामने मेज़ पर रख दिया।

इलायची पड़ी ख़ुशबू वाली चाय देखकर जाने क्यों गला रुंध-सा गया। मैं रेनुका से कैसे कहता कि अब इलायची की ख़ुशबू ख़ुशबू नहीं लगती। पर मुँह नहीं खोल पाया। जाने क्यों रेनुका के सामने मेरी बोलती बंद हो जाती है।

रेनुका बड़ी अच्छी बहू है। उसमें हद से ज़्यादा अपनापन है। उसमें कमला की तरह सब गुण हैं। वह ज़रूरत से ज़्यादा मेरा ख्याल रखती है। उसका पति अविनाश, मेरा छोटा पुत्र मेरी बातों पर अकसर झल्ला भी जाता है, पर रेनुका कभी नहीं झल्लाई। इतना ही नहीं वह जाने कैसे मेरे मन की सारी बात भी समझ जाती है।

अविनाश और रेनुका के दो बच्चे है। उनका बड़ा लड़का चुलबुल और छोटी लड़की का नाम गुनगुनी है। दोनों बच्चे तीसरे पहर अपना स्कूल का

काम करके मेरे साथ लूडो और साँप-सीढ़ी खेलने लगे। मुझे मालूम है रेनुका ने ही उनको मेरे साथ खेल खेलने के लिए प्रेरित किया। मेरे बड़े पुत्र के भी दो बच्चे हैं एक लड़का और एक लड़की। लड़के का घर का नाम गुमसुम है। वह सदा अपने में ही मग्न रहता था। पर उनकी लड़की घंटी, चुलबुल की हमउम्र थी। उसकी आवाज़ घंटी की तरह मीठी थी। चारों बच्चों में बड़ा मेल था। धीरे-धीरे बच्चों को भी चस्का लग गया। लूडो में मेरी गोटी सदा पीली रहती थी। पर हरी, सफ़ेद, लाल गोटी के रंग पर प्रतिदिन तीनों बच्चों में बड़ी बहसा-बहसी होती कि कौन लाल लेगा, कौन हरी और कौन सफ़ेद। उनकी खूरम-खटाक लड़ाई को मुझे ही सुलझाना पड़ता था। लूडो खेलने का क्रम बँध गया था, पर धीरे-धीरे मेरा मन उससे भी हट गया। तीसरे पहर जब भी गुमसुम, चुलबुल, घंटी और गुनगुनी के साथ लूडो लेकर आता बस मैं टॉयलेट जाने का बहाना बनाकर टॉयलेट का दरवाज़ा बंद करके बैठ जाता और वे सब बच्चे बाहर खेलने भाग जाते। एक दिन, दो दिन, तीन दिन। रेनुका की तीसरी आँख मुझ पर ही लगी थी। एक दिन रेनुका ने मुझे पकड़ ही लिया। इलायची वाली चाय पिलाकर मुझसे वायदा करवा लिया कि मैं उसकी बात मानूँगा। मरता क्या न करता। मैंने भी कह दिया, 'मानूँगा भई, मानूँगा।' और मेरी दिलबदली के लिए यह मनाली घूमने का प्रोग्राम उसी ने बना दिया। शुरू-शुरू में यह बात हुई थी कि मेरे साथ, मेरे दोनों पुत्र, अखिल और अविनाश और उनके परिवार, कच्चे-बच्चे सब जाएँगे। उस समय मैंने भी कह दिया, 'ठीक है।' पर मेरे उचाट मन ने जाने क्यों ज़बान खुलवा दी और मैंने ज़ोर देकर कहा, 'हाँ, मैं मनाली जाऊँगा, पर मैं अकेला जाना चाहता हूँ।

खाने की मेज़ के चारों तरफ़ सारा कुटुम्ब बैठा था। मैंने 'अकेले जाने' की बात कही तो सबने एक-दूसरे को अजीब तरह से देखा। तभी रेनुका बोली, 'ठीक है, आप अकेले ही जाइएगा। हम मोबाइल पर आपकी ख़बर लेते रहेंगे।'

रेनुका की हामी सुनकर मैंने भी कह दिया, 'ठीक है मैं जाऊँगा।'

अखिल मेरा एयरकंडीशंड स्लीपर का टिकट ले आया। जाने का दिन और जाने का समय भी निश्चित हो गया। रेनुका ने मेरा सूटकेस ठीक किया। अखिल की बहू गीता ने मेरे जूतों में पालिश करवाई, कपड़ों पर इस्तरी करवाई और मेरे जाने की पूरी तैयारी हो गई। सारे परिवार के सदस्य दो कारों में बैठकर मुझे स्टेशन पहुँचाने आये। कुली ने मेरा सामान उठाया और प्लेटफ़ॉर्म पर ले

गया। गाड़ी वहीं खड़ी थी। अविनाश ने मेरा नाम और डिब्बा ढूँढा और मैं गाड़ी पर चढ़ गया। औपचारिक बातें होती रहीं। बच्चे प्लेटफ़ॉर्म पर खड़े रहे। गाड़ी चलने का समय हो गया। अखिल और अविनाश गाड़ी पर से उतर गए। गाड़ी धीरे-धीरे चलने लगी। मैं दरवाज़े पर खड़ा होकर देर तक हाथ हिलाता रहा। गाड़ी की चाल तेज़ हुई, दरवाज़ा बंद करके मुड़ा और अपनी सीट पर बैठ गया। एयरकंडीशंड डिब्बे में सभी लोग संपन्न थे। वातावरण शांत था।

तभी कमला की उसी याद ने मुझे फिर धर दबोचा। शादी के बाद एक बार मैंने कमला से पूछा, 'चलो अपन घूमने चलते हैं, कहाँ चलोगी?'

'मनाली चलते हैं,' उसने मचलकर कहा।

मैंने कहा, 'न,' मेरी आदत है कि कोई कुछ कहता है तो मुझे उसकी बात न मानने में खास संतोष होता है।

'नहीं भई मनाली नहीं, आगरा चलते हैं, ताजमहल देखेंगे।'

कमला ने चुपचाप मेरी बात मान ली पर मैंने फिर मन बदल लिया, 'चलो जयपुर चलते हैं।'

'जहाँ मन हो वहीं चलो।'

मैं जयपुर भी नहीं गया था। राणा प्रताप की नगरी चित्तौड़ चला गया था। कमला तब भी चुप रही। बहुत दिनों के बाद एक दिन बच्चों के सामने उसने मुझे खूब खींचा, 'भई हनीमून के लिए तुम्हारे पापा मुझे हल्दी घाटी ले गए थे।' और दोनों बहुएं खूब हँसी थी।

एकाएक कमला की हँसी जैसे सारे डिब्बे में गूँज गई। काश कि मेरे साथ कमला भी होती। दिल्ली में विधुर जीवन से सचमुच मेरा मन उकता गया था।

कमला के बिना मैं मनाली गया था और सोचा था स्वच्छंद विचरूँगा। लड़कों ने बड़े अच्छे होटल में रहने का प्रबंध कर दिया था।

मनाली की साफ़ ठंडी हवा ने मेरा मन रंग दिया। मैं पौ फटने पर एक बार होटल से बाहर जाकर वातावरण सूंघ आया था। नाश्ता करके फिर सड़क के दूसरी तरफ़ पड़ी एक बेंच पर बैठकर नज़ारा देखता रहा। सब लोग सुबह अपने-अपने काम पर जा रहे थे। मैं भी उठा, सड़क पर चलने लगा। ज़रा दूर गया ही था कि वशिष्ठ कुंड के निकट मन्दिर से आती हुई आवाज़ सुनाई दी। मैं वहीं रुक गया।

'काज किए बड़ देवन के तुम
वीर महाप्रभु देखि विचारो।
कौन-सों संकट मोर ग़रीब को
जो तुमसो नहीं जात है टारो।'

सुनकर मुझे हँसी आ गई। यों भी मुझे धर्म या धर्म से जुड़ी बातों में कभी दिलचस्पी नहीं रही। कमला ही धर्मपरायण थी और मुझे भी ज़बर्दस्ती अपने साथ खींच लेती थी। मैं भी उसे कभी मना नहीं कर पाया। अब तो कमला भी नहीं रही और न रही उसकी धर्मपरायणता। अब मैं मुक्त था। मैं सड़क के पार खड़ा होकर नदी को देखने लगा। तभी मेरी पीठ पर एक कंकड़ी लगी। मैंने मुड़कर देखा कि कंकड़ी किसने फेंकी। सामने वाले मकान की छत पर दस वर्ष के लगभग, एक लड़का खड़ा था। मैं उधर देख ही रहा था कि एक और कंकड़ी आई और बराबर वाले पेड़ पर लगी। मैंने ग़ौर से लड़के को देखा, सुनहरे बालों वाला विदेशी लड़का था। उसके हाथ में एक और कंकड़ी थी और वह उसे फेंकने ही वाला था। मैंने सड़क पार की। वहाँ एक आइसक्रीम वाले का ठेला खड़ा था और वहीं तीन विदेशी महिलाएँ पैरों तक की सफ़ेद, नीची फ्रॉक पहने खड़ी आइसक्रीम खा रही थीं। एक महिला के गले में गुलाबी दुपट्टा झूल रहा था। मैंने उसी गुलाबी दुपट्टे वाली महिला से पूछा, 'आप यहीं रहती हैं?'

वह टूटी-फूटी हिन्दी में बोली, 'हाँ, आश्रम में रहती हूँ।' उसने उसी घर की तरफ़ उँगली दिखाकर कहा, 'यह केशवानन्द गुरु का आश्रम है। वे महान हैं। उन्हें बड़ा ज्ञान है।' वह महिला भावविभोर होकर गुरु केशवानन्द के गुण बखानने लगी। अभी तक उसके साथ खड़ी दोनों महिलाओं की भी आइसक्रीम ख़त्म हो गई थी। जब यह महिला गुण बखान ही रही थी कि वे दोनों भी आगे बढ़ आईं और गुरु केशवानन्द के बारे में और बताने लगीं। थोड़ी देर बाद वह तीनों मुँह पोंछकर उसी मकान में चली गईं।

मैंने ऊपर छत की तरफ़ देखा। वह लड़का अभी भी वहाँ खड़ा कंकड़ियाँ फेंक रहा था। उसका निशाना वही था, एक पुराना देवदार का पेड़। मेरे मन में आया कि मैं इस लड़के को कंकड़ी फेंकने से रोकूँ और मैंने अंग्रेज़ी में उसे नीचे से आवाज़ दी। उसने मेरी तरफ़ देखा और एक कंकड़ी और फेंकी। मुझसे रहा नहीं गया। मैं उस घर की सीढ़ियाँ चढ़कर ऊपर पहुँच गया। सीढ़ियों

का दरवाज़ा एक बड़ी छत पर खुलता था। उसी छत पर सामने छोटी मुंडेर थी और मुंडेर के पास वही लड़का खड़ा था। मैं लपककर उसकी तरफ़ बढ़ा। मन में आया उसके कान पकड़कर एक चपत लगाऊँ पर विदेशी था तो चुप रहा। उसके पास जाकर मैंने ज़ोर से पूछा, 'क्या नाम है तुम्हारा?'

वह चुप रहा। मैं उसके ठीक सामने जाकर खड़ा हो गया। उसने सिर उठाकर मुझे देखा। उसकी आँखें देखकर मुझे बड़ा तरस आया और प्यार भी आया। मैंने उससे फिर पूछा, 'तुम्हारा क्या नाम है?'

'आशीषानन्द।'

'यहाँ क्या करते हो?'

'मेडीटेशन-ध्यान।'

मैं सदके में आ गया। 'तुम्हारे साथ कौन रहता है?'

'शान्ति देवी मेरी माँ। मैं अपनी माँ के साथ टोरन्टो कनाडा से आया हूँ और हमें हमारे पापा सपोर्ट करते हैं। वह टोरन्टो में कम्प्यूटर साईंटिस्ट हैं।'

इतने में मेरे जेब में रखे मोबाइल में 'जय जगदीश हरे' की धुन बजने लगी। मैंने जेब से मोबाइल निकाला, 'हलो, पापा जी कैसे हैं?' रेनुका थी।

'ठीक हूँ, मैं फिर फ़ोन करूँगा।' कहकर मैंने मोबाइल बंद कर दिया।

मैंने आशीषानन्द को देखा, उसकी आँखों में जिज्ञासा थी। उसने भी पूछा, 'आप कहाँ रहते हैं?'

'मैं दिल्ली से मनाली घूमने आया हूँ। आशीषानन्द! तुम्हें यहाँ मनाली में अच्छा लगता है?'

वह चुप रहा।

'स्कूल में पढ़ते हो?'

आशीषानन्द ने जेब में से एक और कंकड़ी निकाली और मेरे कुछ कहने से पहले ही फेंक दी।

'देखो कंकड़ी मत फेंको, किसी के चोट लग जाएगी।'

उसने मेरी तरफ़ देखा। मैंने उससे फिर सवाल किया।

'तुम यहाँ कब आए? तुम्हें यहाँ अच्छा लगता है?'

उसने मेरी बात अनसुनी कर दी और दूसरी ओर चला गया। मैं दो मिनट सोचता रहा कि क्या करूँ। तभी बरामदे से लगे कमरे से अगरबत्तियों के धुएँ की सुगंध आई। मुझे उत्सुकता हुई, मैं उधर ही चला गया। कमरे से निकले

धुएँ के एक बड़े बिम्ब ने मेरा स्वागत किया। नाक में धुआँ घुसा और मुझे ज़ोर की छींक आई। अब तो मुझे छींक पर छींक आने लगी। शायद छींक की आवाज़ कमरे के अंदर गई और वही गुलाबी दुपट्टे वाली विदेशी औरत बाहर आ गई। 'आपको छींक आ रही है? आप गुरु जी के पास चलिए। वह मंत्र पढ़कर आपकी छींक ठीक कर देंगे।'

मैं पसोपेश में था, उसने सोचने का समय नहीं दिया और मेरा हाथ पकड़कर कमरे में ले जाने लगी।

'मुझे जूता तो उतार लेने दीजिए।'

'ठीक है।' उसने मेरा हाथ छोड़ दिया।

कमरे के बाहर जूतों का अंबार लगा था। इधर मैंने जूता उतारा उधर मुझे चार छींकें और आ गईं। जूता उतारकर मैंने अपने जूते और जूतों के साथ रख दिए। मैंने बग़ल की दीवार में लगे वॉशबेसिन में हाथ धोए और छींकते-छींकते उस गुलाबी दुपट्टे वाली औरत के पीछे-पीछे कमरे में घुसा। कमरे में विदेशी पुरुष और महिलाएँ बैठी थीं। गुरु केशवानन्द एक छोटे ऊँचे चबूतरे पर पर बैठे थे। चबूतरे के नीचे उनकी चमचमाती हुई सलेमशाही जूतियां रखी थी। मेरे साथ ही एक और विदेशी कमरे में आया और उसने झुककर गुरु केशवानन्द की चमकती हुई जूतियों को चूम लिया। फिर हाथ जोड़कर खड़ा हो गया। इतने में मुझे दो छींकें और आ गई। मैं क्षोभ से भरा था। केशवानन्द ने मुझे देखा। उन्होंने बराबर पड़े नीले आसन की तरफ़ हाथ करके बड़ी मधुर आवाज़ में कहा, 'श्रीमान जी बैठिए।'

मैं उनके बराबर आसन पर बैठ गया और गुरु केशवानन्द को देखने लगा। मुझे एक छींक और आ गई। केशवानन्द मेरी तरफ़ झुके, मेरा सिर छुआ और हाथ घुमाकर न्यौछावर सी की। न्योछावर करके उन्होंने लंबी सांस लेकर 'ओ३म्' कहा। सचमुच उनकी 'ओ३म्' के साथ मेरी छींक बंद हो गई और उन पर हुआ मेरा गुस्सा भी शांत हुआ। केशवानन्द को मैंने ध्यान से देखा, उनके सिर के कच्चे-पक्के बाल, दाढ़ी बढ़ी हुई, गेरूए रंग के कपड़े और उनके गले में छोटे-बड़े मनकों की न जाने कितनी मालाएँ पड़ीं थी। मैं उनको समझने की कोशिश कर रहा था।

केशवानन्द प्रवचन देने में लगे थे। धड़ाधड़ अंग्रेजी में बोल रहे थे और उनके चारों तरफ़ कुछ विदेशी महिलाएँ बैठी थीं। उनके साथ चार पुरुष भी

बैठे थे। मैं चुपचाप उनको निहार रहा था। केशवानन्द 'आपत्धर्म' शब्द को समझा रहे थे। उन्होंने कहा, 'सदा सत्य बोलना चाहिए' पर जब वह बोल रहे थे कि तभी एक महिला ने किसी सत्यवादी का उदाहरण देकर पूछा। उसी पर वह दो क्षण रुके और 'आपत्धर्म' की महिमा कह सुनाई। 'आपत्धर्म' शब्द सुनकर मेरा ध्यान भी उन्हीं की ओर लग गया। वह युधिष्ठिर का उदाहरण दे रहे थे। अंग्रेजी में ही कथा सुना रहे थे,

'महाभारत का युद्ध चल रहा था। कौरव और पाण्डव दोनों की सेनाएँ युद्ध में लगीं थीं। दोनों तरफ़ के महायोद्धा हताहत हो रहे थे। महाधनुर्धर द्रोणाचार्य जो युधिष्ठिर के भी गुरु रह चुके थे और धनुर्विद्या में निपुण व अजेय थे, एक मन से दुर्योधन को जिताने में लगे थे। पाण्डवों में उनकी महाशक्ति को हनन करने के उपाय ढूँढे जा रहे थे। कृष्ण से पूछा जा रहा था। कृष्ण जी ने कहा, 'द्रोणाचार्य की मन-शक्ति को कम करने का एक ही उपाय है कि उनके प्रिय पुत्र के मरने का उन्हें समाचार सुना दिया जाए। किसी ने युद्ध करते हुए महावीर द्रोणाचार्य के कान में धीरे से उनके पुत्र अश्वत्थामा के लिए कहा, 'अश्वत्थामा हत:' (अश्वत्थामा मारा गया)। द्रोणाचार्य विचलित हो गए, वह ज़ोर से बोले, 'यह झूठ है।'

और वह फिर अधिक वेग से अपने युद्ध में लग गए। पुत्र के मरने का उन्हें विश्वास नहीं हुआ। उनके कान में फिर किसी ने कहा, '(अश्वत्थामा मारा गया) आप सत्यवादी युधिष्ठिर से पूछ लें।' वे लोग युधिष्ठिर को बहला-फुसलाकर द्रोणाचांर्य के पास ले आए। युधिष्ठिर किसी भी तरह से अपने गुरु से असत्य बोलने को तैयार नहीं थे। पर उनके किसी सैनिक ने युधिष्ठिर से कहा और उन्होंने अपनी सेना को नष्ट होते हुए देखा, युद्धभूमि में चारों तरफ नज़र घुमाई। उनकी अपनी सेना के असंख्य लोग धराशायी थे। उन्हें उनकी आर्तनाद सुनाई दी, युधिष्ठिर का मन डोलने लगा। वह धीरे-धीरे गुरु द्रोणाचार्य के पास पहुँचे और उनको प्रणाम करके उनके पैरों में हाथ लगाया। तीर चलाते-चलाते द्रोणाचार्य ने पूछा, 'युधिष्ठिर क्या बात है?'

'अश्वत्थामा हत:', 'अश्वत्थामा हत:' झूठ को युधिष्ठिर ने ज़ोर से कहा पर उसके साथ ही धीरे से उन्होंने सच भी कहा, 'नरो वा कुंजरो वा' (मनुष्य था या हाथी था)। द्रोणाचार्य ने अपने पुत्र अश्वत्थामा के मरने का असत्य समाचार सत्यवादी युधिष्ठिर से सुना तो उनके हाथ से धनुष बाण छूट गए। वह वहीं

धरती पर गिर पड़े। अपने प्रिय पुत्र अश्वत्थामा की मृत्यु पर विलाप करने लगे।

युधिष्ठिर के मन में बड़ी गलानि हुई पर असत्य बोलकर उन्होंने युद्ध पर विजय पा ली। उन्होंने अपनी सेना के बचे हुए सेनानियों को मौत के मुँह से निकाल लिया। युधिष्ठिर के मन में झूठ बोलने का महादुख समाया था पर साथ में अपने वीर सेनानियों को बचाने का उल्लास भी था। कैसी विडम्बना! युधिष्ठिर युद्धक्षेत्र में भावुक हो गए। पाण्डवों की सेना ने चैन की सांस ली। तत्क्षण कुरूक्षेत्र का महायुद्ध बंद हो गया।'

गुरु केशवानन्द ने 'आपत्धर्म' की महिमा पर प्रवचन देकर अपने प्रवचन के अन्त में और जोड़ दिया 'पर श्रोताओ! यह 'आपत्धर्म' भी बहुत सोच-विचार कर ही करना चाहिए।'

गुरु केशवानन्द ने श्रोताओं को हाथ जोड़कर नमस्ते की और उस दिन का अपना प्रवचन समाप्त किया। प्रवचन के बाद प्रश्नों की झड़ी लग गई। विदेशी श्रोताओं में बहसा-बहसी चलती रही। उनके एक विद्वान नेता ने अंग्रेज़ी के एक वाक्य में सबको शांत कर दिया, 'गुरु जी इज़ राइट' (गुरु जी ठीक हैं)। कुछ विदेशियों ने अपनी डायरी निकालकर अंग्रेज़ी में 'आपत्धर्म' शब्द लिखा और उसकी व्याख्या भी लिखी। सारे विदेशियों ने एक-एक करके गुरु केशवानन्द की चमकती जूतियों को हाथ लगाया और लाइन से बाहर जाने लगे। मैं भी अपने आसन से उठकर खड़ा हो गया। मैंने मन में सोच लिया था कि न मैं गुरु जी के पैर छुऊँगा और उनकी जूतियों को तो कभी नहीं। मैं भी लाइन में लगा था जब लाइन आगे बढ़ी, मैं भी बढ़ा। गुरु जी के सामने पहुँचा। गुरु जी ने इशारा करके मुझसे रुकने को कहा। मैं लाइन से निकलकर एक तरफ़ खड़ा हो गया। सब विदेशी स्त्री-पुरुष जा चुके थे। गुरु जी ने बड़े मित्रभाव से कहा, 'बन्धु! मेरे कमरे में चलो।'

मैं उनको देखता रह गया।

गुरु जी की तो आवाज़ ही बदल गई थी। चेहरे का रंग भी बदल गया था। ज़रा देर पहले जब आसन पर बैठे प्रवचन दे रहे थे तो उनके मुँह पर चमक थी, दमक थी। अब वह आसन से उतरकर बिलकुल साधारण व्यक्ति लग रहे थे। मैंने उनको आश्चर्य से देखा। उन्होंने मित्रभाव से मेरा हाथ पकड़ा और मुझे अपने कमरे में खींचकर ले गए। उनके कमरे में एक छोटा तख़्त पड़ा था। उन्होंने पहले मुझे तख्त पर बिठाया और फिर अपने कमरे की चिटखनी

लगाकर अपनी हार-मालाएँ उतार दीं, गेरुआ चोग़ा उतारकर एक तरफ़ रख दिया और उसी तख्त पर मेरे पास बैठ गए।

'कहिए, बन्धु! आप यहाँ कैसे आए? अपने बारे में बताएँ। दो सज्जन मिल बैठकर बात करें तो आनन्द ही आनन्द है। इससे अधिक जीवन में कोई सुख नहीं है।'

केशवानन्द का दस मिनट पहले का प्रवचन सुनकर मैं एक धर्मसंकट में पड़ गया था और उनका बहरूपियापन देखकर मैं उस संकट से निकलकर अब कहाँ फंस गया? मैं सोच नहीं पा रहा था। चुप बैठा था कि केशवानन्द ने मेरे गले में हाथ डाल दिया, 'यार! तुम कुछ बोलो तो, मनाली कैसे आए? अकेले हो न? धर्मपत्नी का साथ छूट गया है न? अपना नाम तो बताओ।'

'मुझे आनन्द सिन्हा कहते हैं'

केशवानन्द की बात सुनकर मैं चकित रह गया। यह क्या अन्तर्यामी है? मैंने अपने से पूछा और उत्तर भी मिल गया, 'हाँ'। मैं प्रभावित हुआ। केशवानन्द को मेरी मन-बदली का आभास हो गया, 'देखो आनन्द! उस कमरे में अपने शिष्यों के सामने मैं एक आदरणीय गुरु हूँ। पर उस कमरे से बाहर आकर मैं सबकी तरह एक साधारण आदमी हूँ। वैसे तो मनाली में अकेला रहता हूँ और जब अकेला रहता हूँ तब मेरा घर यही आश्रम है। पर गर्मियों में मेरा परिवार मनाली आ जाता है। यहाँ मेरा दूसरा घर भी है, परिवार वहीं रहता है। मेरी धर्मपत्नी है और चार बच्चे हैं। वे पहाड़ की सैर को आए हैं। रात में मैं अपने घर चला जाता हूँ।'

मुझसे रहा नहीं गया, 'पर गुरु जी यह कैसा जीवन है? एक तरफ़ बाहर आप दुनिया को छोड़े हुए सन्त संन्यासी हैं और आपका चेहरा मोहरा, गेरुआ कपड़े, हार-मालाएँ सब आपकी दूसरी ही तस्वीर दिखाती हैं और अब यहीं आप एक साधारण संसारिक पुरुष, कुछ समझ में नहीं आया।'

केशवानन्द ठहाका मारकर हँसे।

'तुम अभी बहुत भोले हो मित्र आनन्द! पर पहले तुम भी तो अपने बारे में बताओ।'

मेरा कुछ भी बताने को मन नहीं चाहा। पर केशवानन्द मेरे पीछे हाथ धोकर पड़ गए। उन्होंने ऐसी मीठी बातों का घोल पिलाया कि मैंने कह ही दिया, 'मैं अकेला हूँ, मेरी पत्नी गुज़र गई।' मैंने उन्हें गुरु जी नहीं कहा। बात

बदलने के लिए मैंने ही ज़ोर देकर पूछा, 'दोस्त के नाते ही पूछ रहा हूँ केशवानन्द। पहले तो भई अपना असली नाम बताओ।'

केशवनान्द खुल गए, 'मेरा असली नाम गोविन्द वर्मा है। मेरा घर लखनऊ के पास एक गाँव में है। मैं भी तुम्हें सब कुछ विस्तार से बताता हूँ। दसवीं पास किया था। इंटर में पढ़ रहा था, छोटा ही था कि शादी कर दी गई थी और मेरे ऊपर घर गृहस्थी का भार भी पड़ गया। बड़ा परिवार, पैसों की कमी। भगवान में अटूट विश्वास था। दुनिया और पैसे की परेशानियों से घबड़ाकर मैं शिव मंदिर में जाकर बैठ जाता था। मूर्ति के सामने घंटों आँखें बंद करके बैठा रहता। कुछ भी समझ में नहीं आता था। घर में सब लोगों ने मेरा नाम 'वैरागी' रख दिया। फिर मुझे लगा कि ईश्वर ही मेरा उद्धार करेंगे। एक दिन उसी शिव मंदिर में एक संन्यासी आए, मैं उनके पास बैठने लगा। सुबह-सुबह उनका प्रवचन सुनने में मन लगने लगा। उनका 'योगः कर्मसु कौशलम्, कर्म करने की कुशलता ही योग है।' सुनकर सोचने लगा। यों बिना कार्य किए मंदिर में बैठने से काम नहीं चलेगा। शादी की है, जिम्मेदारी निभानी ही पड़ेगी। मैंने संन्यासी जी को गुरु बनाकर उनसे दीक्षा ले ली और उनका चेला बन गया। संन्यासी जी ने मुझे प्रवचन दिया और किताबें दीं। मैं उनको नियम से पढ़ता था। जो समझ में नहीं आता उनसे पूछता और वह मेरी जिज्ञासा मिटाते थे। संन्यासी गुरु जी मुझे बहुत स्नेह देने लगे। उनको जो दक्षिणा मिलती, वह सब मुझे पकड़ा देते। अब तो मेरी दशा सुधरने लगी। मैं उनका खाना बनाता, उनका काम करता, दिन भर उनके साथ रहता। एक दिन गुरु जी को बड़ा तेज़ बुखार चढ़ गया। वह बिस्तर से उठ ही नहीं पाए। उनका प्रवचन सुनने मंदिर में भीड़ जमा थी। गुरु जी को मैंने गोद में उठाया, उनका हाथ मेरे गले में था। मैं उनको लेकर बाहर आया। मेरी गोद में से ही जैसे-तैसे उन्होंने सबको आशीर्वाद दिया। मैंने उन्हें आसन पर लिटा दिया। उनके मुँह से बोली नहीं निकली, उन्होंने मेरी तरफ़ उँगली उठाकर बुदबुदाया, 'आज प्रवचन मेरा चेला आनन्द देगा।'

गुरु जी की बात मेरे लिए आदेश बन गई। मुँह खुल ही नहीं रहा था। मैंने आँख मींचकर भगवान का नाम लिया, ज़ोर से मंत्र पढ़ा और बस मुझमें बल आ गया। मैं बोलने लगा, प्रवचन देने लगा और उसी से मुझमें आत्मविश्वास जाग गया। और देखो, आज मैं यहाँ हूँ।' केशवानन्द मुस्कुराए। मैंने एकटक

उनको देखा तो वह कुछ सकपका गए। 'दो मिनट में आता हूँ', कहकर वह बराबर वाले शौचालय में चले गए। थोड़ी देर बाद लौटे। उन्होंने अपनी माला हाथ में उठा ली। कुछ विचलित होते हुए लगे।

'क्या हुआ केशवानन्द?'

'कुछ नहीं। यों ही।'

'यों ही' से क्या मतलब? तुम्हारे मन में कोई बात सनसना गई और तुम बता नहीं रहे हो।'

उनके मुँह पर हँसी खिल गई। मेरे कंधे पर हाथ रखकर बोले, 'यार तुम तो अन्तर्यामी हो, ज़्यादा पूछोगे तो बताना ही पड़ेगा।'

'क्या मतलब, खैर छोड़ो भी, पर तुम विदेशियों के चक्कर में कैसे पड़ गए? खूब मारा है हाथ। बताओ न अपना गुर।'

'इसकी भी लंबी कहानी है।' केशवानन्द के मुँह पर एक शरारत भरी मुस्कान आ गई।

'पता नहीं दोस्त तुम कहाँ से प्रकट हो गए। सचमुच जाने क्यों मैं प्रवचन आदि के चक्कर में पड़ गया। आज मैं भी बीवी-बच्चों वाला पूरा गृहस्थ हूँ। पर...पर...पर...।'

'यह धंधा भी तो बन गया है रोटी कमाने का?' मैंने जोड़ दिया।

'अब आनन्द यही समझो। भगवान भी खूब हैं देखो। कहाँ मैं भूखा मरता था, अब पैसों की वर्षा होती है, सारा बाग़ हरिया गया। सुनो! लगता है तुम्हारे साथ मेरा कोई पूर्वजन्म का रिश्ता है और वही रिश्ता निभाने तुम मेरे पास आए हो।'

'मैं तो तुम्हारे पास नहीं आया। उस लड़के की कंकड़ी और तुम्हारी आइसक्रीम खाने वाली शान्ति देवी, मुझे तुम्हारे पास पकड़ लाईं।'

'ओह वह शान्ति देवी? वह अपने लड़के के साथ कनाडा से आई है। यह सबकी सब बेचारियाँ सताई हुईं हैं।'

'क्यों भई कहां से सताई हैं?'

'अच्छा पहले यह बताओ कि कभी मैं मुश्किल में पड़ जाऊँ तो तुम मेरा साथ दोगे?'

'देखो केशव मैं तो अकेला हूँ। मेरे बच्चों का अपना घर-बार है। छुट्टा बैल हूँ, जहाँ मन करता है, जाता हूँ और जो अच्छा लगता है वह करता हूँ।'

'वह तो मुझे मालूम है। पर तुमने मेरे प्रश्न का उत्तर नहीं दिया, आज तुम मेरे घर खाना खाने चलो।' केशवानन्द ने दीवार पर लगी घड़ी देखी।

'तुम्हारे घर?' मैंने आश्चर्य से पूछा।

'हाँ भई मैंने कहा न मेरी घरवाली है, बाल-बच्चे हैं। एक नहीं चार। आजकल गर्मियों में आए हुए हैं। छुट्टी बिताकर चले जाएँगे।'

'और तुम?'

'मैं तो यहीं रहता हूँ इसी आश्रम मे, मनाली में। घर बन्द रहता है।'

'खूब हो भाई। तुम्हारी तो पाँचों उँगलियाँ घी में है।' केशवानन्द ने मेरी बात अनसुनी कर दी, वह उठकर खड़े हो गए। मैं भी खड़ा हो गया।

'दो मिनट ठहरो मैं अभी आता हूँ।' उन्होंने फिर से अपना गेरुआ चोग़ा पहना, सारी मालाएँ गले में डालीं। दाढ़ी सहराई, हाथ से अपने लंबे बाल ठीक क़िए। चमचमाती जूतियाँ पहनीं, चिटखनी खोली और कमरे के बाहर आ गए। मैं भी उनके साथ बाहर आ गया। केशवानन्द अब अपने पुराने गंभीर मूड में थे।

कमरे के बाहर चार विदेशी महिलाएँ और दो विदेशी पुरुष हाथ जोड़े खड़े थे। केशवानन्द ने एक के बाद एक के सिर पर हाथ रखकर बिना बोले आशीर्वाद दिया और आश्रम से निकलकर सड़क पर आ गए। मैं भी उनके पीछे-पीछे था।

2

मैं सोच रहा था कि मैं कहाँ इन साधू संन्यासी के चक्कर में पड़ गया। यहाँ तो मैं अपनी दिल बदली के लिए आया था। पर न जाने क्यों मैं चुपचाप मनाली की टेढ़ी-मेढ़ी सड़क पर केशवानन्द के साथ चल रहा था। केशवानन्द गली पार करके पहाड़ के ऊपर की पगडंडी पर चलने लगे, 'वह देखो, वह टिमटिमाती हुई बत्ती है न, उस पहाड़ी के ऊपर जो घर दिखाई दे रहा है, वही मेरा घर है।'

हम पहाड़ पर चढ़ने लगे। अब यात्रा बड़ी सुन्दर थी। मैं भी मगन था, देवदार के पेड़ जैसे पंखा झल रहे हों। घर की बत्ती पास आती जा रही थी। सड़क के एक तरफ़ पहाड़ी दीवार और एक तरफ़ खाई, आसमान में चाँद चमक रहा था। पेड़ों के बीच चाँदनी छिटक रही थी। मैं प्रसन्न मन से चलता जा रहा था। ऊपर का मकान पास आ गया। उसके चारों तरफ़ खुला अहाता था। वहीं एक लोहे का फाटक था। केशवानन्द ने ताली बजाई, एक चौकीदार लालटेन लेकर आ गया। उसने फाटक खोला और केशवानन्द फाटक के अंदर टहल गए। मैं भी उनके पीछे-पीछे चलता गया।

'यह रहा मेरा 'केशवधाम' वह हँसे, फिर बोले, 'मेरे पास यहाँ दो कारें हैं, पर मुझे टहलकर आना अच्छा लगता है। तुमको मोटर से भिजवा दूँगा।'

केशवानन्द के घर की देहरी पर पैर रखते ही घर की सारी बत्तियाँ जल गईं। पूरा घर जगमगा उठा। उनकी पत्नी सीधे पल्ले की साड़ी पहने, सिर ढांके थी। उन्होंने हाथ जोड़कर हमारा स्वागत किया और फिर केशवानन्द के पैर छूने झुक गईं। वह पैर छूकर एक तरफ़ खड़ी हुई कि उनके चारों बच्चे जो वहीं पंक्ति में खड़े थे एक-एक ने केशवानन्द के पैर छुए। इन बच्चों में दो लड़के और दो लड़कियाँ थीं। लड़कियाँ बड़ी थीं और लड़के उनसे छोटे थे। दोनों लड़कियाँ सलवार कमीज़ पहने, दुपट्टा ओढ़े थीं और लड़के कुर्ता, पाजामा पहने थे। छोटा लड़का भी क़रीब आठ साल का था। केशवानन्द बाहर तो पूजे ही जाते थे, घर में भी पूजे जाते थे।

'स्वामी जी आप अभी खाना खाइएगा?' केशवानन्द की पत्नी ने पूछा।

'हाँ अभी खाऊँगा। अरे सुनो! सखी! यह हैं हमारे बचपन के दोस्त आनन्द सिन्हा।'

परिचय कराते हुए केशवानन्द की बात सुनकर मैं चकित रह गया। इसके पहले कि मैं कुछ बोलूँ, केशवानन्द चालू हो गए। अपनी गढ़ी हुई कहानी कहने लगे।

'यह आनन्द सिन्हा हमारे गाँव-भाई हैं। हम लोग बचपन में गिल्ली-डंडा खेलते थे। यह बड़े तेज़ थे। हर बार हमें हराते थे। अब यह हमारे साथ हैं,' उन्होंने मेरे कंधे पर हाथ रख दिया। 'देर हो जाएगी। जल्दी से खाना खाएँगे। सुबह पाँच बजे प्रवचन है।'

केशवानन्द अपने कपड़े बदलने चले गए। मैं ठगा-सा खड़ा सोच ही रहा था कि मैं कहाँ फँस गया। तब तक केशवानन्द की दोनों बड़ी लड़कियों ने मेरी आवभगत शुरू कर दी।

उनकी एक लड़की तसले में पानी भरकर ले आई, दूसरी के हाथ में तौलिया था। एक लड़का एक ऊँचा पीढ़ा ले आया और दूसरे लड़के ने मेरा हाथ पकड़कर मुझे पीढ़े पर बिठा दिया। मैं सकपकाया था, केशवानन्द के बड़े लड़के ने मेरे जूते के फ़ीते खोले, दूसरे ने जूता उतारा और जूते लेकर एक तरफ़ खड़ा हो गया। लड़की ने मेरे दोनों पैर पकड़कर तसले के गरम पानी में डाल दिए। इस तरह का स्वागत तो मैंने ज़िन्दगी में पहली बार ही देखा था। उसी लड़की ने मेरे पैर रगड़कर धोए। मैंने पानी से पैर निकाले तो दूसरी लड़की ने तौलिये से एक-एक पैर पोंछा। पैरों में गुदगुदी हुई। पर बड़ा

अच्छा भी लगा। पास ही में केशवानन्द का छोटा लड़का मूंज की बुनी हुई स्लीपर लेकर खड़ा था। जैसे ही मेरे पैर पुंछे उसने दोनों स्लीपर मेरे सामने रख दीं। मैंने उन्हें अपने पैरों में पहन लिया। थोड़ी देर बाद केशवानंद सफ़ेद बगबगा कुर्ता-पाजामा पहनकर बाहर आ गए। कुर्ते पर वह लाल गरम जरसी पहने थे। अब उनकी शक्ल दूसरी ही लग रही थी।

'चलो दोस्त, खाना खाने, बड़ी भूख लगी है।'

'अभी स्वामी जी थोड़ा समय लगेगा।' उनकी पत्नी ने कहा।

'कोई बात नहीं, थोड़ी देर गपशप लगाते हैं।' मैं कठपुतली बना केशवानन्द के साथ हो लिया। वह मुझे खाने वाले कमरे के बराबर वाले छोटे कमरे में ले गए। वहाँ कुरसियाँ पड़ी थीं, हम दोनों बैठ गए। केशवानन्द बोले, 'यार इस दुनिया में रहो तो झूठ-सच तो चलता ही है। है न?'

मैं अवाक् रह गया, मैंने हँसकर पूछा, 'सफलता की कुंजी झूठ ही है न?'

'क्या मतलब?' केशवानन्द सकपका गए। दो क्षण रुककर बोले, 'आनन्द! ऐसा है। अमरज्योति राजा के तीन पुत्र थे। भोले, सत्यवादी और सुंदर। अमरज्योति अपने पुत्रों पर रीझे थे। पर मन-ही-मन उनको बड़ी विडम्बना थी। भोले, बेवकूफ़ लड़के उनका राज्य कैसे संभालेंगे। चतुराई भी जीवन के लिए ज़रूरी है।'

'फिर अमरज्योति ने क्या किया?' मैं केशवानन्द की कहानी सुनने के लिए आतुर था।

'राजा ने अपने मन्त्रियों को आमन्त्रित किया और अपनी चिंता बताई। कोई मंत्री कुछ राय दे और कोई अपनी ही लगाए। राजा को किसी की बात अच्छी नहीं लगी। वह और चिंतित हो गए। उनका एक मंत्री सुमति सबसे चतुर था, वह खड़ा हो गया। 'महाराज! आपकी चिंता केवल पंडित विष्णु शर्मा ही दूर कर सकते हैं। वह अस्सी वर्ष के गुरु हैं। अपने आश्रम में रहते है।'

'गुरु विष्णु शर्मा' का नाम सुनकर राजा के मुँह पर बहाली आ गई। उन्होंने अपने मंत्री सुमति को अपने रथ पर भेजकर गुरु विष्णु शर्मा को बड़े आदर से आमंत्रित किया। राजा की आज्ञा का आदर करना ही धर्म समझकर मंत्री सुमति विष्णु शर्मा को लेकर राजा के पास आए। राजा ने पंडित जी का स्वागत किया। उन्हें अपने कक्ष में ले गए और उन्हें अपनी चिंता बताई।

पंडित जी तेज़ थे, बोले, 'अपने पुत्रों को बुलाइए।'

राजा ने अपने तीनों पुत्रों को राजकक्ष में बुलवा लिया। तीनों लड़कों ने पंडित जी को दण्डवत् प्रणाम किया और पंडित जी ने उनको आशीर्वाद दिया। पंडित जी उनको देखते ही समझ गए। 'राजा के पुत्र भोले-भाले हैं। उनको दुनियादारी नहीं आती।' उन्होंने उसी समय राजा से कह दिया,

'आप इन्हें मेरे साथ छह महीने के लिए भेज दीजिए। ये राजकुमार मेरे साथ समय बिताएँगे तो ठीक हो जाएँगे।'

राजा बड़े प्रसन्न हुए। अपने तीनों पुत्रों को पंडित विष्णु शर्मा के साथ भेजने को तैयार हो गए और उन्होंने बड़ी दबी हुई जबान से पूछा, 'पंडित जी आपकी दक्षिणा?'

'दक्षिणा' शब्द सुनते ही पंडित जी की त्योरी चढ़ गई और वह सिंहनाद करते हुए बोले, "क्या कहा दक्षिणा? मुझे आपसे कुछ नहीं चाहिए। यदि आप सौ गाँव भी मुझे देंगे, मैं विद्या नहीं बेचूँगा। आप यह सुनकर गुन लें कि अगर मैंने आपके तीनों पुत्रों को छह महीने के अंदर चतुर न बना दिया तो मैं अपना नाम बदल दूँगा। आप आज की तारीख़ लिख लें और ठीक छह महीने पूरी होने वाली तारीख़ भी लिख लें। यदि आपके पुत्र चतुर न हो गए तो आप मुझे मृत्युदंड दें।"

पंडित विष्णु शर्मा की बात सुनकर राजा पानी-पानी हो गए। वह पंडित जी के सामने हाथ जोड़कर खड़े हो गए। राजा ने अपने तीनों पुत्रों को पंडित विष्णु शर्मा जी के साथ उनके आश्रम भेज दिया।

छह महीने बाद पंडित जी निश्चित तारीख़ पर तीनों राजकुमारों के साथ राजमहल लौटकर आए तो राजा अपने पुत्रों को देखकर चकित रह गए। राजपुत्रों के चेहरों से चतुराई टपक रही थी। उन्होंने पंडित जी से बड़ी नम्रता से पूछा, 'पंडित जी! आपने इनका कैसे कायाकल्प कर दिया?'

पंडित विष्णु शर्मा ने लंबी साँस खींची और कहा, 'महाराज? मैंने इन्हें नीतिशास्त्र पढ़ाया।'

'वह कैसे पंडित जी?'

पंडित जी हँसकर बोले, 'महाराज, मैंने इन्हें केवल कहानियाँ सुनाईं। उन्हीं कहानियों से आपके पुत्र चतुर और व्यवहारकुशल हो गए। यह नीतिशास्त्र

है। और सुनो आनन्द! यही हमारा भी नीतिशास्त्र है पंचतंत्र। बिना नीति के कोई जीवन है? संसार में सुखी और प्रसन्न जीवन बिताने के लिए व्यवहारपटु होना अनिवार्य है आनन्द!' केशवानन्द दो क्षण के लिए अपनी ही दुनिया में खो गए और मुझे फिर से प्रवचन देने लगे। 'और हमारे पंडित जी ने पंचतंत्र के अन्तर्गत पाँच तंत्र लिख डाले, वाह रे हमारे पंडित विष्णु शर्मा! मान गए ऐसी पुस्तक तो संसार में ढूँढे नहीं मिलेगी।'

केशवानन्द की बातें सुनकर मैं भी सोचने लगा। मैंने भी बचपन में शेर और खरगोश की कहानी पढ़ी थी कि कैसे खरगोश ने अपनी चतुराई से खूंखार शेर को कुएँ में कुदवा दिया था। झूठ, नीति, चतुराई और सफलता यह मनुष्य को व्यवहार पटु बनाते हैं। संसार में आनन्दमय सुखी जीवन जीने के लिए यह सब ज़रूरी है। केशवानन्द की बात सुनकर मेरे मन में उथल-पुथल मच गई। कुछ मन में घबड़ाहट भी हुई और मैं अपने होटल जाने के लिए उठ खड़ा हुआ। केशवानन्द मेरे मन की उथल-पुथल समझ गए। 'थक गए, नया अनुभव है न?'

केशवानन्द की लड़की कमरे में आई और हाथ जोड़कर खड़ी हो गई।

'खाना तैयार है। चलो मित्र! पहले खाना खाते हैं।'

केशवानन्द के घर का शाकाहारी खाना, बिना प्याज़, लहसुन के असली घी में बना बड़ा स्वादिष्ट था। मैंने जी भरकर खाया। खाने के बाद केशवानन्द बोले, 'चलो मैं तुम्हें कार पर होटल पहुँचा आता हूँ।'

'तुमको कार चलानी आती है?'

'हाँ-हाँ, उसको चलाना सीखे बिना कैसे काम चल सकता है। हर वक्त तो ड्राइवर की शरण में नहीं जा सकता हूँ।'

केशवानन्द अजीब आदमी लगा। कैसे कोई एक क्षण में अपना मनचोला बदल सकता है? मैं इस प्रश्न को नहीं समझ पा रहा था। मैं बाहर-अंदर बौराया था कि केशवानन्द ने मेरा हाथ पकड़ा, 'चलो! ज़्यादा मत सोचो। मैंने तुम्हें थका दिया।'

केशवानन्द ने कार की चाभी उठाई और घर के बाहर चल दिए। मैं भी उनकी पूंछ की तरह साथ था। उन्होंने कार का दरवाज़ा खोला और मैं बैठ गया। वह भी ड्राइवर की सीट पर बैठकर कार चलाने लगे। हम दोनों

चुप थे। कार पहाड़ की आड़ी-तिरछी पतली-पतली सड़कों पर चलती हुई मेरे होटल के सामने रुक गई। केशवानन्द भी नीचे उतर आए। उन्होंने मुझसे हाथ मिलाया, 'आनन्द! कल प्रवचन में ज़रूर आना। मैं आपत्धर्म पर ही बोलूँगा।'

अब मैं नहीं रुक पाया, बिफर पड़ा, 'केशवानन्द अपना उपदेश अपने पास ही रखो। तुम और तुम्हारा आपत्धर्म। मुझे चुपचाप रहने दो। मैं मनाली दिलबदली के लिए आया हूँ, तुम्हारे जाल में फँसने के लिए नहीं आया हूँ।' मैंने हाथ जोड़ दिए और अपने होटल की तरफ़ मुड़ गया।

केशवानन्द की आवाज़ कानों में पड़ी, 'देखो दोस्त! आना ज़रूर,' और उसने अपनी कार चला दी।

मैं ठगा-सा रह गया। होटल में दरबान ने दरवाज़ा खोला। मैं रिसेप्शन से चाभी लेकर ऊपर गया। अपने कमरे का दरवाज़ा खोला। कमरे के अंदर पैर रखते ही कमरे की रोशनी जल गई और साथ में ही किसी महिला की मीठी आवाज़ सुनाई दी, 'आपका स्वागत है। आपको कुछ आवश्यकता हो तो फ़ोन कर दें।' महिला की आवाज़ सुनकर मैं इधर-उधर देखने लगा। आवाज़ कमरे के कोने में लगे स्पीकर से आ रही थी।

कपड़े बदलकर मैं पलंग पर लेटने ही जा रहा था कि मेरा मोबाइल बजने लगा, 'हो न हो, यह रेनुका होगी।' और सचमुच वह रेनुका ही थी, 'पापा जी कैसे हैं? आपने अपना मोबाइल ऑफ़ क्यों कर दिया था? हमें तो बड़ी चिंता थी। आज आपने वहाँ क्या किया?'

'यहाँ काम ही क्या है रेनुका! घूमता रहा फिर एक फ़िल्म देखने चला गया।'

'क्या नाम था, फ़िल्म का? कैसी थी?'

'ठीक ठाक थी।'

'फ़िल्म का नाम क्या था पापा जी! बताइए न?'

'आपत्धर्म।'

'अरे यह कौन-सी नई फ़िल्म है। इसमें कौन एक्टर-एक्ट्रेस है?'

'हैं कोई ऐसे वैसे। नाम तो मुझे याद नहीं।'

'देर हो गई, आप सो जाइए। गुड नाइट।'

मुझे हँसी आ गई। केशवानन्द के पाठ ने आखिर मुझे कुछ पढ़ा ही दिया। मैं उठा, मैंने अपना मुँह शीशे में देखा। मेरे चहरे पर एक नए अनुभव की चमक थी। पलंग पर लेटते ही केशवानन्द की बातों के बारे में विचार आने लगे। झूठ, चतुराई का दूसरा नाम ही तो है नीति। अब इस नीति के सामने सच और सरलता का स्थान कहाँ आता है? सोचते-सोचते मुझे नींद आ गई।

3

सुबह उसी कोने में लगे स्पीकर से बहुत ही मधुर बांसुरी की धुन सुनाई दी। भैरव राग पर धुन बज रही थी। मैं पलंग पर ही लेटा-लेटा सुनता रहा। बहुत अच्छा लग रहा था। तभी फिर मोबाइल बजा। बड़ा गुस्सा आया, 'यह रेनुका चैन नहीं लेने देगी,' मैंने मोबाइल उठा लिया, और ज़बर्दस्ती मीठी आवाज़ में बोला, 'कहो रेनुका।'

उधर से बोलने वाला गोविन्द, उर्फ़ केशवानन्द था, 'भई यह रेनुका कहाँ से आ गई?'

'रेनुका मेरी छोटी बहू है।'

'ठीक है, ठीक है, आनन्द! गुस्सा क्यों होते हैं? मैंने तो मज़ाक में कहा था।'

'क्यों भई सुबह-सुबह क्यों फ़ोन किया?'

'आज कुछ लोग ऑस्ट्रेलिया से और कुछ फ़्रांस से आ रहे हैं। तुम प्रवचन में ज़रूर-ज़रूर आना। आओगे न?'

'सोचूँगा।'

'सोचना-वोचना छोड़ो। तुमको आना है।'

'ठीक है, आऊंगा।' कहकर मैंने अपनी रज़ाई से मुँह ढांक लिया। केशवानन्द के चक्कर में मैं बिलकुल नहीं पड़ना चाहता था और वह था कि मुझे अपने चक्कर में उलझाना ही चाहता था। मरता क्या न करता। नाश्ता करके मैं टहलने चला गया। फिर बाज़ार गया। सब बच्चों के लिए

छोटे-छोटे गिफ़्ट लिए। रेनुका को तरह-तरह की माला पहनने का शौक़ था, उसके लिए मैंने नीले मनकों की माला खरीदी और गीता को चूड़ियों का शौक़ था, उसके लिए मैंने नारंगी रंग की चूड़ियाँ खरीदीं। जब सामान खरीदकर लौट रहा था कि फिर मोबाइल बजा। मोबाइल मैंने अपने कान में लगाया। केशवानन्द अपने प्रवचन में आने का फिर से निमंत्रण दे रहा था। मुझे बड़ा गुस्सा चढ़ा पर मीठी बोली बनाकर मैंने भी कह दिया, 'अच्छा भई पहुँचूंगा।'

अगले दिन मैं केशवानन्द के आश्रम में गया। वहां विदेशी पुरुषों व महिलाओं की भीड़ थी। केशवानन्द अपने आसन पर विराजमान थे। उनकी चमकती हुई जूतियां आसन के नीचे रखी थीं। केशवानन्द ने मेरी तरफ़ देखा। मैंने हाथ हिलाकर अपनी उपस्थिति बता दी। मैंने कमरे में चारों तरफ़ देखा। मैं अकेला ही भारतीय था। सब लोग हॉल में आकर नीचे बिछे गद्दे पर बैठ गए। केशवानन्द आंख बंद करके एक मंत्र बुदबुदाए।

तभी शान्ति देवी चन्दन का टीका लगाए हाथ में थाली लेकर हॉल में आई। वह थाली लेकर सबसे पहले केशवानन्द के पास पहुंची। शान्ति देवी ने उनके माथे पर अपने हाथ से चन्दन का तिलक लगाया। केशवानन्द ने शान्ति देवी को आशीर्वाद दिया और बिना बोले ही हाथ घुमाया कि वह कमरे में बैठे सभी को चन्दन-टीका लगाकर अभिवादन करें। तभी केशवानन्द ने आंखें मूंदी, हाथ जोड़कर तीन बार ओ३म्, ओ३म्, ओ३म्, ज़ोर से कहा, और वह आंखें बंद करके बैठ गए। शान्ति देवी प्रवचन सुनने वाले पुरुषों के माथे पर तिलक लगा रही थीं और औरतों के बिन्दी लगा रही थीं। उन्होंने मेरे भी चन्दन तिलक लगाया। टीका लगाने का क्रम खत्म करके उन्होंने टीके की थाली केशवानन्द के पास रखे स्टूल पर रख दी और केशवानन्द के सामने नीचे पड़े गद्दे पर हाथ जोड़कर बैठ गई।

मैं बड़े कमरे के बाहर जाने वाले दरवाज़े के पास गद्दे पर ही बैठा था, जिससे जब चाहूं आसानी से भाग लूं। केशवानन्द ने अपनी प्रार्थना करके अंग्रेजी में प्रवचन शुरू किया। उन्होंने बेहद प्रभावित करने वाला प्रवचन दिया था। उनका प्रवचन शुरू में तो मुझे अच्छा नहीं लगा, लेकिन धीरे-धीरे मुझ पर भी उसका जादू-सा होने लगा। केशवानन्द की मुख छाया एक सिद्धि पाए गुरु जैसी लगने लगी। मैं भी वहीं चिपक गया। प्रवचन खत्म होने के बाद आश्रम में फलाहार का प्रबंध था। चार विदेशी महिलाएं अतिथियों को फलाहार

बांट रही थीं। हरे-हरे दोनों में कटे हुए फल और फलों के ऊपर खाने के लिए टूथ पिक लगा था। एक प्लेट में दो केले भी थे। शान्ति देवी मेरे पास आईं, मुस्कुराईं और मुझे भी पत्ते की प्लेट पकड़ा दी। केशवानन्द ने अंग्रेजी में कहा, 'मेरे अतिथियो! फल और केले मेरे आश्रम का प्रसाद हैं। आप यहीं खाएं।' कहकर वह उठकर चले गए। सब उपस्थित विदेशियों ने फल व केले खाए। पत्ते की प्लेट में छिलके रखे और शान्ति देवी ने एक डोलची में जूठी प्लेटें जमा कीं। जब वह मेरी प्लेट लेने आईं तो कुछ अजीब तरह से हँसी। मैं सकपका गया, उन्हें प्लेट थमा दी। मैं भी कमरे के बाहर जाने के लिए निकल आया। एक विदेशी महिला ने मुझे सीढ़ियों पर रोक लिया, 'आपको गुरु जी ने बुलाया है।'

थोड़ा ठिठककर मैं महिला के साथ केशवानन्द के कमरे में गया। केशवानन्द वही गेरुए कपड़े पहने थे और उनके गले में मालाएं पड़ी थीं। नए आए हुए दो विदेशी अतिथि उनसे प्रश्न पूछ रहे थे। उन्होंने मेरी तरफ़ देखा। केशवानन्द ने उनसे मेरा परिचय करवाया, 'यह मेरे बचपन के साथी हैं, यह भी मेरी तरह 'गुरु' बनने जा रहे हैं।' केशवानन्द की बात सुनकर मैं उनका मुंह देखने लगा। केशवानन्द ने मुझे अपने पास तख़्त पर बिठा लिया।

शान्ति देवी केशवानन्द के सिर पर चंवर डुला रही थीं। प्रश्नों का उत्तर केशवानन्द बखूबी से दे रहे थे। दोनों विदेशी अतिथि केशवानन्द से बड़े प्रभावित थे। दोनों सन्तुष्ट होकर केशवानन्द के चमकीले जूते छूकर कमरे से बाहर चले गए। उनके जाने के बाद, दो और विदेशी पुरुष आ गए। केशवानन्द उनसे भी निपटे और शान्ति देवी से कहा, 'आज का प्रवचन आदि सब समाप्त हुआ। अब कल मिलेंगे।'

शान्ति देवी भी सबके साथ बाहर चली गईं। सबके जाने के बाद केशवानन्द ने चैन की सांस ली। मैंने ही छेड़ा, 'भई गोविन्द! तुम भी बड़े पहुंचे हुए हो। पर यार, यह बताओ तुम्हारा खर्च कैसे चलता है?' केशवानन्द हँसकर बोले, 'कमरे के बाहर एक दान-पात्र रखा है। हर कमरे में आने वाला उस दान-पात्र में अपनी इच्छा से दान के पैसे डाल देता है।'

'ओह।'

'तुमने शायद दान-पात्र नहीं देखा।'

'हां, मैं तुम्हारे दान-पात्र में पैसे डालूंगा भी नहीं।'

'अरे तुम तो मेरे मित्र हो और हमेशा रहोगे भी। तुमसे मैं पैसों का दान ले भी नहीं सकता। चलो घर, वहीं खाना खाकर होटल जाना।'

'नहीं भई गोविन्द! मुझे माफ़ करो। मैं तो स्वच्छन्द विचरने मनाली आया था। मैं चक्करों में नहीं फसूंगा।' मैं खड़ा हो गया।

'चलो, मैं तुम्हें तुम्हारे होटल में छोड़ दूंगा।'

'नहीं। मैं अकेले चला जाऊंगा।' केशवानन्द से विदा लेकर मैं सीढ़ियां उतरकर सड़क पार करके दूसरी तरफ़ आ गया और बाज़ार की तरफ़ मुड़ गया। मुझे मालूम था केशवानन्द बाज़ार नहीं जाते थे और मैं उनसे मिलना नहीं चाहता था। मैं बाज़ार में थोड़ी देर घूमता रहा। एक जूते की दुकान देखी। वहीं टहलने के लिए, एक जूता खरीदने के लिए चला गया। दुकानदार मुझे जूते दिखाने लगा। मैंने जूता नापकर खरीद लिया। अपना जूता उतारकर डिब्बे में रखकर होटल की तरफ़ चलने लगा। तभी किसी महिला की आवाज़ सुनाई दी, 'आनन्द।'

मैंने मुड़कर देखा, वही पहले दिन मिली हुई विदेशी महिलाएं थीं। उनमें शान्ति देवी भी थीं। शान्ति देवी ने ही आवाज़ दी थी। मैंने उनकी तरफ़ प्रश्न भरी दृष्टि से देखा।

शान्ति देवी ने पूछा, 'आनन्द कहां रहते हो?'

'दिल्ली में।'

'नहीं, नहीं यहां कहां रहते हो?'

मैंने होटल का नाम बता दिया और आगे बढ़ गया। मैं घंटों मनाली के बाज़ार में चक्कर लगाता रहा और आनन्द लेता रहा। वहीं एक रेस्टोरेंट में खाना खाकर अपने होटल में लौट गया। होटल पहुंचते ही पता नहीं क्यों कमला की बड़ी याद आई। साथ मे अपने परिवार की और खासतौर से चारों बच्चों की। मैंने फ़ौरन मोबाइल पर फ़ोन किया, रेनुका ने उठाया, 'पापा जी! आप ठीक तो हैं? आपने अपनी विटामिन की गोली सुबह खाई?' रेनुका अपनी तरफ़ से पूछे जा रही थी और मैं 'हां' 'हां' कहकर उत्तर दिए जा रहा था। उसने मुझे बात करने का मौक़ा ही नहीं दिया। जब वह चुप हुई तो बस एक ही प्रश्न मैंने पूछा, 'सब बच्चे ठीक तो हैं?'

'हां पापा जी।'

मैंने फ़ोन रख दिया। अपने बिस्तर पर आंखें बंद करके पड़ा रहा। शाम

को उठा और रात तक टहलता रहा। जाने क्यों मनाली से मन उकता-सा गया था। सोचा बिना मतलब ही होटल का भाड़ा दिए जा रहा हूं। मुझे इस केशवानन्द से भी छुट्टी पानी चाहिए। रात में नींद नहीं आ रही थी। मैं एक उपन्यास लेकर चारपाई पर लेटे-लेटे पढ़ने लगा। मैं उपन्यास पढ़ने में लगा था कि बराबर की मेज़ पर रखे फ़ोन की घंटी बजी। इस वक़्त कौन हो सकता है? कहीं घर में तो कुछ नहीं हो गया? मैंने लपककर फ़ोन उठा लिया।

'यार, मैं गोविन्द वर्मा बोल रहा हूं। मैं तुमसे अभी मिलना चाहता हूं। सो तो नहीं गए?'

मैं क्षण भर को सकपका गया। तब तक कमरे के दरवाज़े पर किसी ने खटखटाया। मैंने दरवाज़ा खोला। दरवाज़े पर केशवानन्द को देखकर मैं आश्चर्य में पड़ गया।

'ताज्जुब हुआ मुझे देखकर।'

'सो तो हुआ। कौन-सी मुसीबत आ गई भई?'

'हां मुसीबत ही आ गई है। तुम मेरे दोस्त हो और दोस्ती का मैं आदर करता हूं। इस वक़्त मैं केशवानन्द नहीं गोविन्द वर्मा हूं, तुम्हारा दोस्त।' केशवानन्द ने आंख बिचकाई और लपककर मेरा हाथ पकड़कर कुछ अजीब तरीक़े से दबा दिया। उसके आंख बिचकाने और हाथ दबाने का अर्थ मैं नहीं समझ पाया।

'बिठाओगे नहीं?'

'हां, हां बैठो। सब कुशल मंगल तो है?'

'वही तो बात है। यों तो मैं महिलाओं के अनुचित प्रश्नों को टाल जाता हूं। पर कभी-कभी...' केशवानन्द बोलते-बोलते रुक गए।

'कभी-कभी... क्या मतलब?'

'कभी-कभी विदेशी महिला के प्रश्न को टालना मुश्किल हो जाता है।'

'भई तुम कहना क्या चाहते हो?'

'बड़े धर्म संकट में पड़ गया हूं। एक महिला है, मेरी गाड़ी में बैठी है। उसको तुम्हारे पास भेज दूं?'

'मैं... मैं...क्या करूंगा? मैं उसकी समस्या का क्या समाधान कर सकता हूं।' मैं उठकर खड़ा हो गया।

केशवानन्द ने मेरा हाथ पकड़ लिया, 'भाई, इस वक़्त इस महिला को

दोस्त! मैं तुम्हारे पास बड़ी आशा से आया हूं। मुझे मालूम है तुम अपने दोस्त को संकट से बचा लोगे। बस तुम 'हां' कर दो।'

मैं सोच भी नहीं पाया था कि केशवानन्द ने अपना मोबाइल निकाला, उस महिला से बात की। मैं असमंजस में पड़ा था कि वह महिला ऊपर आ गई। मैंने देखा, वह महिला शान्ति देवी थीं। मुझे देखकर उसने जानी-पहचानी मुस्कान से मेरा स्वागत किया। केशवानन्द उसे वहीं छोड़कर कमरे के बाहर निकल गये।

केशवानन्द अपने धर्मसंकट का कंबल मेरे ऊपर उढ़ाकर चले गए। अब मैं...मैं क्या करूं? शान्ति देवी मेरे कमरे में थी। मैंने अपने इधर-उधर बिखरे कपड़ों को समेटकर अलमारी में ठूंस दिया। मेरे हृदय की धड़कन बढ़ गई। शान्ति देवी बड़ी निरीह दृष्टि से मुझसे याचना सी कर रही थीं। मेरे मन में अजीब सी घबड़ाहट हो रही थी। शान्ति देवी गुलाबी रंग की मैक्सी पहने थी। उसके पास से गुलाब के इत्र की तेज़ खुशबू आ रही थी। मैं सकपकाया खड़ा था।

'बैठने को नहीं कहिएगा?'

'आइए आइए।'

शान्ति देवी पलंग के पास पड़ी हुई कुरसी पर बैठ गई।

वह बड़ी खोई-खोई-सी परेशान-सी लग रही थीं।

'आपके लिए चाय मंगवाऊं?'

'नहीं। इस समय कुछ भी नहीं।'

'कहिए कहिए मैं आपकी क्या सेवा कर सकता हूं।'

'मुझसे गुरु केशवानन्द ने कहा है कि आप ही मेरी सहायता कर सकते हैं।

शान्ति देवी कुरसी से उठी और खिड़की के पास खड़ी हो गई। फिर मेरी तरफ़ मुड़कर बोली, 'देखिए मिस्टर आनन्द! मैं अपने बेटे के साथ कनाडा से आई हूं। मैं यहां शान्ति की खोज में आई हूं।' शान्ति देवी ने लंबी सांस खींची, 'मैंने गुरु जी के पास रहकर बहुत कुछ सीखा है और जाना है। गुरु जी ने मुझे शिक्षा दी, दीक्षा दी, पर मेरी एक समस्या का हल वह नहीं कर पाए।'

'वह समस्या क्या है?'

शान्ति देवी का माथा सिकुड़ा और वह कहने लगी, 'गुरु जी ने मुझे शान्ति दी, उनकी अमरवाणी मेरे दिमाग़ में हर समय बनी रहती है। वे अपने प्रवचन में समझाते हैं, 'काम, क्रोध, लोभ, मोह यह सब मनुष्य के शत्रु हैं। 'लोभ' और 'मोह' पर तो मैं विजय पा गई, पर आप बताइए 'काम' का क्या करुं? यह अजीब-सी भूख है। क्या हम कभी खाना खाना बंद कर सकते हैं? गुरु जी ने मुझे आपके पास भेजा है। आप ही मुझे बताइए। काम की भूख कैसे मिटाई जाए? शान्ति पाने के लिए क्या करूं?'

'मैं-मैं इसके बारे में बताने में असमर्थ हूं। आपके गुरु जी ने क्या कहा?'

गुरु जी बोले, 'किसी भी भूख को फ़ौरन नहीं रोका जा सकता है। काम-भूख को मिटाने के लिए भी अपने को धीरे-धीरे ट्रेंड करना होगा। इसमें मेरे परम मित्र ही तुम्हारी समस्या का हल करेंगे।'

मुझे केशवानन्द पर बड़ा गुस्सा आया। पर तत्क्षण वह क्रोध की लहर ग़ायब हो गई। मेरे सामने सुनहरे बालों वाली एक श्वेत वर्ण की अनन्य सुंदर, आकर्षक स्त्री खड़ी थी। मैं उन्माद-सागर में डूब गया। अनहोनी परिस्थिति में था। काम-भूख कुछ भी पाने के लिए अंधा-सा बना देती है। मैं भी उस जादूगरनी के जादू में फंसकर सब कुछ भूल बैठा।

और शान्ति देवी उठी, उसने दो क्षण बाद अपनी गुलाबी मैक्सी एक तरफ़ फेंक दी और मेरे गले से लटक गई। अगले क्षण वह मेरे साथ थी। शान्ति देवी के स्पर्श ने मुझे भी जगा दिया और वह रात मैंने शान्ति देवी के साथ बिताई । सुबह उठते ही उसने मुझे चुम्बन दिया और कहा, 'मैं आपकी अनुगृहीत हूं।' अपने वस्त्र ठीक किए और 'धन्यवाद' कहकर कमरे के बाहर चली गईं। मैं अपने अस्त-व्यस्त कपड़ों में ठगा-सा देखता रह गया। मन में बड़ी ग्लानि हुई। मन में तरह-तरह के विचार कौंधने लगे। तो केशवानन्द ने मुझे ताक लिया था। मुझसे मित्रता करने का यह राज़ था? एक क्षण मन चाहा कि केशवानन्द को पकड़कर उसकी धुनाई करूं। पर पर पर... पलंग पर तकिए से अभी भी इत्र-गुलाब की महक आ रही थी। मैं पलटकर लेट गया और गुलाब की महक में डूबा रहा। मन में एक अजीब-सा आनन्द भी था। क्षण भर की मन में उठी ग्लानि हवा हो गई और मन में मीठी-मीठी याद छा गई। मैं अपने को समझाने लगा, शान्ति देवी तो कमला बनकर ही आई थी। मुझसे मिल कर चली गई। जब मन में यह ख़्याल आया तो गुदगुदी भी हुई। मैं बिस्तर

पर अभी भी लेटा था कि मेरा मोबाइल बजा। मैंने उठा लिया। रेनुका थी, 'पापा जी कैसे हैं?'

'बहुत ठीक हूं।'

'मैंने रात में सपना देखा। आप कुछ परेशान लग रहे थे।'

'नहीं रेनुका। मनाली की ठंडी हवा ने तो मुझे नया जीवन दे दिया।'

'पापा जी सचमुच आपकी आवाज़ में ताज़गी आ गई है। बस आप ठीक ही रहिएगा।'

रेनुका ने फ़ोन रख दिया। मैं अपनी कही बात पर सोचने लगा। पर जब केशवानन्द के बारे में सोचने लगा तब सच, मुझे उस पर बड़ा ग़ुस्सा आया। उसने अपने सिर का बोझ मेरे ऊपर डाल दिया। इतना छल कपट। मैं क्योंकर शान्ति देवी के चक्कर में आ गया? कि तभी मुझे केशवानन्द का 'आपत्धर्म' शब्द याद आ गया। जब आपत्धर्म सोचने लगा तब मन में ऊंचे विचार आने-जाने लगे। मन बेचैन हो गया और मैंने तय कर लिया, मनाली में नहीं रहूंगा, दिल्ली लौट जाऊंगा। मनाली में रहकर केशवानन्द के चंगुल में आगे नहीं फसूंगा। मैं चटपट बिस्तर छोड़कर उठ गया और मैंने अपना सामान संभाला। होटल के बैरे को बुलाकर सामान लेकर नीचे रिसेप्शन में गया। बिल चुकाया और दिल्ली के लिए टैक्सी मंगवा ली। होटल से ही मैंने अपना खाना पैक करवा लिया था।

टैक्सी में बैठने ही जा रहा था कि एक सफ़ेद कार ठीक मेरी टैक्सी के पास आकर खड़ी हो गई। उसका दरवाज़ा खुला और उसमें से केशवानन्द नीचे उतरे। उनके साथ एक विदेशी चेला भी उतरा। दोनों ने हाथ जोड़कर नमस्ते की। चेला कहने लगा, 'गुरु जी ने मौन व्रत लिया है। आपसे मिलकर आपको स्वयं 'धन्यवाद' कहने आए हैं।'

मेरा मन चाहा कि केशवानन्द के एक झापड़ जड़ दूं पर उनके विदेशी शिष्य के सामने मन मसोसकर रह गया। मैंने केशवानन्द की तरफ़ देखा, केशवानन्द मुस्करा रहे थे। उनको 'नमस्ते' करके उनसे बिना बोले मैं अपनी टैक्सी में बैठ गया।

मेरी टैक्सी का ड्राइवर अभी नीचे ही खड़ा था। केशवानन्द को देखकर वह श्रद्धा से ओत-प्रोत हो रहा था। उसने लपककर केशवानन्द के पैर पकड़ लिए। केशवानन्द ने उसके सिर पर हाथ रखकर उसे आशीर्वाद दिया और

मेरी तरफ़ देखा, मानों मुझे चिढ़ा रहे हों, 'देख ले।'

मैंने ड्राइवर से कहा, 'चलो भई देर हो रही है।'

'साहब, गुरु जी को पहले जाने दें तब ही चलूंगा। आप उनके मित्र हैं। मैं आपका भी आदर करता हूं।'

मैंने केशवानन्द से हाथ मिलाया। केशवानन्द ने गले लगाया और उस विदेशी चेले के साथ अपनी कार में बैठ गए। उनकी कार जाने के बाद ही हमारे टैक्सी ड्राइवर ने अपनी टैक्सी चला दी।

टैक्सी चलते ही ड्राइवर ने केशवानन्द के गुणगान करने शुरू कर दिए, 'साहब गुरु जी बड़े पहुंचे हुए हैं। सफ़ेद लोग उनको इतना घेरे रहते हैं कि यहां वाले उनसे बात ही नहीं कर पाते। आपको उन्होंने बहुत माना। वह आपको जानते हैं?'

'हूं।'

टैक्सी वाला चाहता था मैं बोलूं और मैं गुस्से से भरा था। 'आप ध्यान से टैक्सी चलाइए। बोलने से ध्यान बंटता है।' और मैंने उसे टाल दिया।

4

अगले दिन मैं दिल्ली पहुंचा और जब टैक्सी घर के सामने रुकी तो अविनाश बाहर ही खड़ा था, 'अरे पापा! आप कैसे लौट आए?' उसने झुककर पैर छूते-छूते कहा।

'बच्चों की और तुम सबकी बड़ी याद आई, बस वहां से चल दिया।'

'आप कुछ दिन और रह लेते।' उसने कार से मेरा सामान उतरवाया। मैं घर के अंदर चला गया। गीता चौके में थी और रेनुका बच्चों को स्कूल भेजने की तैयारी कर रही थी। उसने मुझे देखा, 'अरे पापा जी! आप आ गए। उसने मेरे पैर छू लिए।

'पापा जी आ गए, गुमसुम, चुलबुल जल्दी से दादा जी के पैर छुओ।' चारों बच्चे दौड़कर आए और उन सबने मेरे पैर छुए। मैंने हाथ फैलाकर चारों को चिपटा लिया और क्षण भर में मैंने अपने बीते हुए भूत से छुट्टी पा ली। मन को बड़ा सुकून आया। चारों बच्चे अपने भारी-भारी बस्ते कंधे पर लटकाकर स्कूल चले गए। अविनाश और अखिल ने भी आश्चर्य से मेरी तरफ़ देखकर मानों प्रश्न-सा किया और मैंने भी फिर से वही दोहरा दिया, 'तुम सबकी बड़ी याद आई और मैं मनाली से भाग आया।'

अखिल और अविनाश अपने-अपने कार्यों में लग गए और मैं अपने कमरे में आ गया। रेनुका भी दौड़कर

मेरे कमरे में आ गई, 'पापा जी आप थक गए होंगे। पहले चाय पी लीजिए। फिर नहाकर नाश्ता कीजिएगा।'

'मैं नहा-धोकर ही नाश्ता करूंगा।'

'तो आप जल्दी से नहाने जाएं, मैं तब तक आपका सामान संभाले देती हूं।'

तौलिया और कपड़े उठाकर मैं गुसलखाने में चला गया। मैंने अंदर से चिटखनी लगा ली और शीशे में अपना मुंह देखा, ठीक-ठाक ही लगा। नित्य कर्म करके नहाकर अपने कपड़े पहनकर बाहर निकला। इस बीच रेनुका ने मेरा कमरा सुव्यवस्थित कर दिया था। मैं नाश्ता करने के लिए खाने के कमरे में पहुंचकर अखबार देखने लगा। अखबार पर मेरी नज़र थी पर मन में अभी भी जाने कैसा तूफ़ान-सा उठा था। जब रेनुका, गीता, अखिल और अविनाश नाश्ता करने आए, मैंने अख़बार एक तरफ़ रख दिया।

'बताओ भई कैसा रहा यहां?'

'यहां कौन-सी नई बात होनी थी? वही स्कूल का तमाशा और ऑफ़िस घर, बच्चे।' अखिल तन्नाकर बोला, शायद मेरे मनाली से जल्दी लौट आने से प्रसन्न नहीं था। मैंने रेनुका से पूछा, 'रेनुका तुम बताओ।'

'सब ठीक रहा पापा जी। आपकी कमी अखरती रही। आप बताइए मनाली में कैसा रहा? सब डीटेल में बताइएगा।'

'मनाली बड़ी सुंदर जगह है।'

'आपका क्या कार्यक्रम रहता था पापा जी?' गीता ने पूछा और मैं भी बोलने लगा,

'वहां एक गुरु जी के चक्कर में पड़ गया।'

'क्या?' अविनाश का मुंह फटा का फटा रह गया।

'आप, पापा जी और किसी गुरु के चक्कर में? कुछ समझ में नहीं आया।'

अखिल भी मुंह बाए मुझे देखने लगा। मैं बोलता गया।

'हां, एक मिल गए थे, बचपन के दोस्त गोविन्द वर्मा। वह गोविन्द वर्मा अब गुरु केशवानन्द बन गए हैं,' और मैं हँस दिया।

रेनुका और गीता दोनों को बड़ा मज़ा आ रहा था, पर अविनाश ऊब रहा था।

'पापा की दास्तान बाद में सुनना। अभी सब लोग नाश्ता कर लें। भई रेनुका गरम चाय पिलाओ।'

अखिल को भी मेरी बातें बेकार लग रहीं थीं।

रेनुका उठकर गई। गीता भी चौके में गई, दोनों जल्दी से नाश्ता-पानी, चाय लेकर आ गईं। वह दोनों गुरु केशवानन्द की बातें सुनने को आतुर थीं।

'बताइए पापा जी गुरु जी कैसे थे? क्या करते थे?' रेनुका को गुरु आदि में दिलचस्पी थी। अखिल और अविनाश जल्दी में थे। अखिल ने कह दिया, 'भई तुम दोनों गुरु जी की बातें बाद में सुनना हमें ऑफ़िस भी तो जाना है।

'आप तो हमेशा जल्दबाज़ी में रहते हैं। कभी फ़ुरसत भी होती है?' गीता झल्ला गई।

अखिल और अविनाश ने नाश्ता किया। मैंने भी जैसे-तैसे खाया और अख़बार लेकर बैठ गया। अपनी करनी के बारे में भी सोचने लगा। केशवानन्द के प्रवचन का आपत्धर्म याद आया। किसी ने बड़े सोच-समझकर आपत्धर्म शब्द बनाया। इस आपत्धर्म ने मेरे उठे नकारात्मक विचारों को छिपा लिया और मैंने अपने को माफ़ कर दिया। अपने को सुरक्षित रखने के लिए हमारे किसी योगी महात्मा ने ही इस शब्द को बनाया होगा। पर रह-रहकर मन की हलचल परेशान भी कर रही थी। मन में डर लग रहा था कि कहीं रेनुका सवाल न करें। मैंने जूते पहने और घर के बाहर निकल गया। सोचा बाज़ार घूम आऊं।

बाज़ार में मेरे एक साथी मिल गए। 'क्या कर रहे हो भाई?'

'कुछ नहीं।'

'मैं तो एक सत्संग में जा रहा हूं। तुम भी चलो न।' बस मैं उसके साथ हो लिया। सत्संग में वही उबा देने वाली बातें, प्रवचन, मजीरों और हारमोनियम और करताल के साथ उबाने वाले भजन। इनमें मेरी कभी भी रुचि न रही। मेरा साथी ताली बजा-बजाकर आंख मूंदकर बेसुरे राग में भजन गा रहा था। मैं चुपके से उठा, बाहर आया और जूते पहनकर फिर बाज़ार की तरफ़ टहल गया। मन विचलित था। कहां जाऊं? स्टेशन के पास था। रेल की सीटी सुनाई दी। मैं स्टेशन की तरफ़ बढ़ गया। प्लेटफ़ॉर्म टिकट खरीदकर अंदर जाकर एक बैंच पर बैठ गया। आने-जाने, चढ़ने-उतरने वाले यात्रियों को और रेलगाड़ी को देखता रहा। तभी शान्ति देवी के साथ बिताई मनाली की वह रात दिमाग़ में कौंध गई। मैं पत्नीव्रत था, भारतीय परंपरा में रहकर वैसी ही सोच बन गई थी। क्योंकर मैं विचलित हो गया? अपने को बचाने के लिए मैं तरह-तरह से सोचने लगा। मैं ही कौन अनोखा हूं जो विचलित हो गया। वह तपस्वी

विश्वामित्र तप करते-करते सुन्दरी मेनका को देखकर अपना तप छोड़ बैठे थे। मैं तो अदना-सा दुनिया का एक मनुष्य हूं। फिर मेरा क्या दोष? मैं तो कोई भी तप-वप नहीं कर रहा था। बस दिल बदलाव के लिए मनाली गया था और वह रात एक फ़िल्म की तरह देख आया। मैं ऐसे क्यों सोचूं? रही पत्नीव्रत होने की बात? जब तक कमला रही मैंने कभी किसी स्त्री को आंख उठाकर नहीं देखा और अब भी मैं कौन-सा किसी को देखता हूं। मैं बिना मतलब ही अपने को परेशान किए हूं। मैंने घड़ी देखी दो बज रहे थे। बच्चों के स्कूल से आने का समय हो गया था। मैंने ऑटो पकड़ा और घर पहुंच गया। घर पहुंचते ही रेनुका ने मुझे आड़े हाथों लिया, 'पापा जी आप बिना बताए कहां चले गए थे?' मैं चुप रहा कि तब तक गीता भी आ गई, 'पापा जी! आप कहीं भी बाहर निकलें बताकर जाएं। आपने तो अपना मोबाइल भी ऑफ़ कर दिया था। हम सब तो बड़े परेशान थे।'

मैं तब भी चुप रहा। पर गीता बोले जा रही थी। 'अखिल तो...'

मैं बरस पड़ा, 'अखिल पुलिस में रिपोर्ट लिखवाने जा रहा था न?' गीता दुम दबाकर चली गई। रेनुका ट्रे में पानी का गिलास लेकर आ गई, 'पापा जी पानी पी लीजिए।'

मैंने चुपचाप गिलास उठाकर पानी गटक लिया और अपने कमरे में जाकर बिस्तर पर पड़ गया।

थोड़ी देर बाद रेनुका फिर आ गई, 'पापा जी! आपके लिए एक चिट्ठी है।'

'किसकी है?'

'बन्द है आप खोलिए न।'

मैंने चिट्ठी ले ली, 'कार्ड लगता है' और मैंने लिफ़ाफ़ा फाड़ा। उसमें से गुलाबी रंग का गुलाब की महक वाला कार्ड निकाला।

'किसका है पापा जी?'

'अरे एक शान्ति देवी हैं। वह केशवानन्द के आश्रम में मिल गईं थीं।'

'वह क्या करती हैं, वहां कैसे आ गईं?'

'यह सब गुरुओं का चक्कर है। जो उन लोगों की चपेट में आ जाए वही बौरा जाता है।'

रेनुका के कमरे के बाहर जाते ही मैंने कार्ड देखा, उसमें 'थैंक यू', (धन्यवाद) लिखा था। और 'धन्यवाद' के नीचे लिखा था 'शान्ति देवी मनाली।'

शान्ति देवी ने सारी मनाली की यादें फिर हरी कर दीं। एक तरफ़ मन की ग्लानि और दूसरी तरफ़ एक स्त्री का आकर्षण। अब तो मैं जैसे हाले-डोले में फंस गया था। मन फिर अशान्त हो गया। अब यह शान्ति देवी मुझसे क्या चाहती हैं? मुझे बख्शें। मैं शान्ति देवी के बारे में बिलकुल नहीं सोचूंगा। सोचा, कार्ड फाड़ दूं। न जाने क्यों फाड़ा भी नहीं गया। मैंने कार्ड एक बार फिर सूंघा और अपनी अटैची में संभालकर रख लिया।

मैं पलंग पर बेचैन पड़ा था। क्या करूं? अकेला? कहां चला जाऊं? कोई बात करने के लिए भी नहीं है। टेलीविज़न का ध्यान हो आया। पर टीवी इस वक्त चलाऊंगा तब रेनुका और गीता भी क्या सोचेंगी।

तभी बच्चों के चहचहाने की आवाज़ सुनाई दी और मैं उनको देखने के बहाने बाहर आ गया। चुलबुल और घंटी ज़ोर-ज़ोर से चकर-चकर बातें कर रहे थे।

'भई क्या हो गया?'

'दादा जी, आज घंटी ने दो आइसक्रीम खाईं। इसका गला खराब था।'

'चुगली क्यों करते हो? देख लूंगी।'

गीता ने सुन लिया। 'घन्टी, आइसक्रीम खाई?'

'आंटी, दो।' चुलबुल ने फिर कहा।

गुमसुम और गुनगुनी अपने-अपने बैग लेकर चुपचाप कमरे में चले गए। गीता, घन्टी के पीछे पड़ गई, 'इतना गला खराब है कल हरारत थी।'

घन्टी मुंह बनाए दुबकी खड़ी थी।

मुझे बच्चों की बातों में मज़ा आ रहा था। 'गीता तुम चिन्ता न करो मैं इसे दवा देता हूं। ठीक हो जाएगी। आ बेटा घन्टी, मेरे साथ।'

पीठ पर बस्ता लटकाए घन्टी मेरे साथ आ गई। मैंने डिब्बे में से दवा निकाली, 'मुंह खोलो।' घन्टी ने मुंह खोल दिया और 'ओ३म्' कहकर मैंने उसके मुंह में होमियोपैथी की गोलियां डाल दीं। चुलबुल भी उसके पीछे खड़ा था।

'दादा जी! मुझे भी खिलाइए।'

मैंने उसके भी मुंह में दो गोलियां डाल दीं। तभी गुमसुम और गुनगुनी भी आ गईं। उनको भी मैंने मीटी गोली खिला दीं। चारों बच्चे ख़ुश होकर चले गए। मेरा भी मन बदल गया।

गीता ने मेज़ पर खाना लगा दिया था। बच्चों के साथ मैं भी एक कुरसी पर खाना खाने बैठ गया।

रेनुका ने सबकी प्लेटों में खाना डाला।

मैं भी बच्चों के साथ खाना खाने लगा। तभी मेज़ के नीचे से चुलबुल ने घन्टी के पैर मारा, पैर गुमसुम के लग गया और गुमसुम झल्लाकर बोला, 'स्टुपिड' अब तो चारों बच्चों में मेज़ के नीचे ही मारा-मारी होने लगी। मैंने रोकना चाहा पर बीच में ही गुमसुम ने चुलबुल के एक झापड़ मारा, मैंने फिर बचाने की कोशिश की, गीता और रेनुका भी दौड़कर आ गईं। वह दोनों भी बच्चों के बीच में बैठ गईं। जैसे-तैसे युद्ध बन्द हुआ।

बच्चों के साथ कमला ही लगी रहती थी, पर अब धीरे-धीरे मुझे भी आनन्द आने लगा। अपना-अपना होमवर्क खत्म करके हम सब लूडो खेलने लगे। मैं गुनगुनी के साथ रहता था, क्योंकि वह सबसे छोटी थी। बच्चे ज़रा बड़े हो गए तो हम सब मोनोपोली खेल खेलने लगे। पैसे, रुपए, घर खरीदने आदि में सब बच्चों को बड़ा मज़ा आता। बीच-बीच में उनमें बहसा-बहसी भी हो जाती। मैं उनका निपटारा करवाता था। मेरा बच्चों के साथ खेलने का कार्यक्रम ज़्यादा दिन नहीं चला। पहले बच्चे मुझे बुलाते थे और मैं बिना मन के खेलता था, अब मैं उनको बुलाता था तो सब कुछ न कुछ बहाना बना देते थे। उनको मेरे साथ खेलने से ज़्यादा टीवी देखने में मज़ा आने लगा। मेरा जीवन एक शान्त नदी की तरह बह रहा था, जिसमें न लहर, न उतार, न चढ़ाव। जाने कैसे कितने महीने बीत गये। बच्चों के स्कूल की छुट्टियां आने वाली थीं। रात के खाने के बाद एक दिन अखिल ने प्रोग्राम बना ही लिया। छुट्टियों में हम सब अबकी कश्मीर जाएंगे। मां होती तो कितनी खुश होतीं।'

'हां-हां जरूर जाओ।' मैंने कहा।

अविनाश भी बोला, 'क्या मतलब पापा। आप भी हम लोगों के साथ चलिएगा। यहां का इंतज़ाम मैं कर दूंगा।'

'मैं नहीं जाऊंगा।'

रेनुका पीछे पड़ गई, 'आप नहीं चलिएगा तो हम लोग भी नहीं जाएंगे।'

सारे बच्चे एक साथ नारा लगाने लगे, 'दादा जी भी चलेंगे, दादा जी भी चलेंगे।'

जितना सब मेरे पीछे पड़े उतनी ही मैंने ज़िद पकड़ ली, 'मैं नहीं जाऊंगा।'

मैं मेज़ पर से उठकर चलने लगा तो रेनुका बोली, 'पापा जी आप ज़रूर चलेंगे।'

'अच्छा सोचकर बताऊंगा।' और मैं अपने कमरे में चला गया। वे सब देर तक बातें करते रहे। मैं भी सोचने लगा कि आख़िर मैं क्यों ज़िद करता हूं?' मुझे अपने प्रश्न का उत्तर नहीं मिला। मैं करवट बदल कर सो गया। अगले दिन मैं भी अपनी बात पर डटा रहा। पर रेनुका ही बार-बार मुझसे साथ चलने की बात कह रही थी। और सब तो चुप रहे। आखिर में हारकर वह थोड़ी देर के बाद बोली, 'पापा जी शायद आप अकेले जाना चाहते हैं। मनाली में आपके दोस्त गुरु केशवानन्द जी हैं, वहां चले जाइए। वहां आपको पिछली बार भी अच्छा लगा था। वह भी आपको देखकर खुश होंगे।'

केशवानन्द का नाम सुनकर मुझे और गुस्सा आ गया।

'वहां तो मैं कभी नहीं जाऊंगा।'

'पापा जी आप यहां अकेले नहीं रहिएगा। अगर आप नहीं जाएंगे तो मैं और अविनाश भी नहीं जाएंगे, हम आपके साथ रहेंगे। भाईसाहब और गीता जीजी के साथ बच्चे चले जाएंगे।'

मैं बिना बोले ही बैठा रहा। न 'हां' की, न 'न' की। रेनुका ने अपना निर्णय सबको सुना दिया। और सब तो वहां चुप रहे पर अखिल ने मुझे खूब उल्टी-सीधी सुनाई। मेरे ऊपर उसकी कर्कश बातों की वर्षा होती रही। आखिर जब वह चुप हो गया, मैंने उससे पूछा, 'मन भर गया तुम्हारा?' इस पर उसने आंखे तरेरी और वह वहां से चला गया। 'मन में घोर दुख लिए मैं अपने पलंग पर लेट गया। कमला की बड़ी याद आई। क्योंकर वह मुझे यों अकेला छोड़ कर चली गई?'

घर का वातावरण उखड़ा-उखड़ा था। घर के सभी सदस्य मुझसे गुस्सा थे। उनके चेहरे देखकर धीरे-धीरे मुझे मज़ा आने लगा। सबने, यहां तक कि बच्चों ने भी मुझसे बोलना बंद कर दिया था। मुझे फिर कमला की याद आई। वह जब भी कुछ कहती थी उसका उल्टा ही करने में मुझे आनन्द आता था, वही अब भी हुआ।

समय, दिन, गाड़ी सब निश्चित हो गई सबके टिकट आ गए। मेरे साथ रेनुका और अविनाश का टिकट नहीं लिया गया। घर में अजीब-सा वातावरण

था। चुलबुल और गुनगुनी, रेनुका और अविनाश के पीछे पड़े थे कि वह भी जाएं और मेरे उनके साथ न चलने पर वह दोनों मुझसे और नाराज़ हो गए। मुझसे ठीक से नहीं बोले तो मेरा मन और खिन्न हो गया। मैं अपने शोक-सागर में डुबकी लगा रहा था। मैंने ईश्वर से प्रार्थना की, 'हे ईश्वर! मुझे भी कमला के पास बुला लें। क्या करूं? मन में दुख समेटकर मैंने भी चुप रहने की ठान ली।

रेनुका और अविनाश सबको पहुंचाने स्टेशन गए। मैं घर में ही बना रहा। बच्चों के जाने के बाद मेरा मन भी बेहद दुखी हो गया। अपने ऊपर क्रोध आने लगा। बच्चों की मीठी-मीठी बातें, उनकी शिकायतें और शिकवे ही तो मेरे जीवन की मिठास थी और मैंने स्वयं अपने पैरों पर कुल्हाड़ी मार ली। मैं क्यों नहीं गया?

रेनुका और अविनाश स्टेशन से लौट आए। रेनुका मुझे खूब समझती है, वह फिर से ज्यों की त्यों हो गई। 'चलिए पापा जी सिनेमा देखने चलते हैं।'

मैं राज़ी हो गया। अविनाश ने टिकट मंगवा लिए और हम तीनों फ़िल्म देखने गए। कोई फ़िल्म में फ़िल्म थी। न कोई कहानी, न ढंग के एक्टर, न एक्ट्रेस। जाने कैसे सबके सब गाने पर कूद रहे थे। मुझे तो फ़िल्म बड़ी अश्लील लगी, पर अविनाश और रेनुका को बड़ा मज़ा आ रहा था। दोनों देखने में मस्त थे। जैसे-तैसे समय काटकर हम लोग घर लौट आए। घर में नौकर था रामू, अनाड़ी-सा। रेनुका ने उससे पूछा, 'किसी का फ़ोन आया था?'

'हां तीन बार फ़ोन बजा था।'

'किसने किया था?'

'नाम नहीं बताया।'

'तुमने पूछा भी?'

'रामू अपना सिर खुजलाकर बोला, कोई देवी थी।'

'देवी? देवता हमारे घर क्यों फ़ोन करेंगे?' अविनाश झल्लाकर बोला।

'नंबर ही पूछ लेते।' रेनुका ने कहा।

रामू ने बात बदल दी, 'साहब, चाय बनाऊं?'

'हां बनाओ।'

हम सब अपने-अपने कमरे में कपड़े बदलने चले गए।

5

बच्चों को गए एक सप्ताह निकल गया था। इस बीच मन में आया कि क्यों न मैं भी समाज-सेवा का काम शुरू कर दूं? पर मैं समाज-सेवा करने वालों में नहीं हूं। दिन के तीसरे पहर माली ने दरवाज़ा खटखटाया। अविनाश ऑफ़िस में था। रेनुका बाज़ार गई थी। मैंने दरवाज़ा खोला, मुझे देखकर उसने हाथ जोड़कर 'नमस्ते' की। माली के साथ मैं भी बाग़ में चला गया।

माली बेले की क्यारी गोड़ने लगा।

'इसमें खाद डालकर पानी डालो।'

माली गैराज में से खाद लेने चला गया। मैं खुरपी उठाने ही जा रहा था, तभी गेट खुलने की आवाज़ आई। मैंने गेट की तरफ़ देखा। गेट के बाहर एक टैक्सी खड़ी थी।

टैक्सी ड्राइवर उतरा और उसने ज़ोर से पूछा, 'यह क्या आनन्द सिन्हा का घर है?'

'खुरपी छोड़कर मैं गेट की तरफ़ बढ़ गया। हां यह घर आनन्द सिन्हा का है। क्यों?'

टैक्सी में तभी गोद में बच्चा लिए एक महिला, एक गोरे पुरुष के साथ नीचे उतरी। उनके साथ एक गोरा लड़का भी था। पुरुष ने टैक्सी में से एक प्रैम उतारा और महिला ने गोद के बच्चे को प्रैम में डाल दिया। मुझे देखते ही वह

गोरी महिला बोली, 'मिस्टर सिन्हा नमस्ते। आई एम शान्ति देवी, डू यू रिमेम्बर? (मैं शान्ति देवी हूं, आपको याद है?)'

शान्ति देवी का नाम सुनकर मेरे पैरों के नीचे से धरती खिसक गई।

'हां-हां बिलकुल याद है। मनाली में आपसे मिला था।' मैंने उससे हाथ मिलाया।

'यह मेरे पति हैं मिस्टर चार्ल्स, इनसे मिलिए।'

मैंने आगे बढ़कर उनसे भी हाथ मिलाया। सुनहरा चश्मा लगाए मिस्टर चार्ल्स, गोरे चिट्टे थे पर उनका माथा सिकुड़ा हुआ था।

शान्ति देवी ने मुस्कराकर कहा, 'और यह है आशीषानन्द। वही लड़का जिसने आपके ऊपर कंकड़ी फेंकी थी। याद हैं न?' मेरी धड़कन और बढ़ गई।

'हां-हां क्यों नहीं, आइए-आइए अभी आप लोग कहां से आ रहे हैं?'

'मनाली से आ रहे हैं। चार्ल्स कनाडा से हमको लेने आए हैं। हम सब कनाडा लौट रहे हैं।'

मैं सोच रहा था कि अपने मेहमानों की कैसे सेवा करूं कि तभी रेनुका आ गई। मैंने शान्ति देवी और उनके परिवार का रेनुका और अविनाश से परिचय कराया और उनके बड़े लड़के के गले में हाथ डालकर कहा, 'यह हैं आशीषानन्द। इन्होंने ही कंकड़ी मारकर हमारा परिचय कराया था।'

सब लोग हँसने लगे। रेनुका बड़े स्नेह से सबको ड्राइंगरूम में ले गई। मैं भी सबके साथ अंदर गया और सबको बिठाया। रेनुका ने कहा, 'पापा जी मैं अभी चाय लेकर आती हूं' और रेनुका अंदर चली गई। आशीषानन्द अपने छोटे भाई की प्रैम लेकर बरामदे में चला गया। ड्राइंगरूम में चार्ल्स, शान्ति देवी और मैं रह गए।

तभी शान्ति देवी उठीं और आकर मेरे पास सोफ़ा पर बैठ गई। उसकी आवाज़ बड़ी गंभीर थी। 'मिस्टर सिन्हा! आपने एक बार मेरी मदद की थी। उसके लिए मैं आपको धन्यवाद देने आई हूं। मैं उसी रात गर्भवती हो गई थी, यह नन्हा बच्चा आपका है।'

शान्ति देवी की बात सुनकर मेरी सांस ऊपर की ऊपर और नीचे की नीचे रह गई। मैंने दांत भींच लिए।

शान्ति देवी बोले जा रही थी, 'मैं इंडिया में दो साल रह ली। अब चार्ल्स

मुझे लेने आए हैं। मुझे कनाडा लौटना है। अब आपका बच्चा आपके पास ही रहेगा।'

'पर पर पर मैं इसे कैसे रख सकता हूं। मैं मैं तो विधुर हूं।' मैं हड़बड़ा गया।

शान्ति देवी का मुंह तमतमा गया, 'मैं बच्चे को तो कनाडा नहीं ले जा सकती हूं।' कहकर वह खड़ी हो गई और वह दनदनाती हुई कमरे के बाहर चली गई और बाहर से बच्चे का प्रैम कमरे में खींच लाई। चार्ल्स के हाथ में एक बड़ा थैला था। उसने चार्ल्स के हाथ से थैला ले लिया।

'देखिए इस थैले में इसकी दूध पीने की बोतल, नैपकिन, कपड़े और इसका टॉनिक है। इसमें 'नए शिशु को कैसे पालें?' एक छोटी-सी किताब भी है। शान्ति देवी ने थैला मुझे पकड़ा दिया। उसके बाद उसने शिशु को चूमा और अपने पति से कहा, 'चलिए। बाहर टैक्सी खड़ी है।' चलते-चलते शान्ति देवी ने झुककर शिशु के माथे पर एक और चुम्बन लिया, अपनी आंखें पोंछी और अपने बेटे आशीषानन्द का हाथ पकड़कर तेज़ी से बाहर चली गई। उसका पति चार्ल्स भी उन्हीं के साथ बिना देखे बाहर चला गया। प्रैम में लेटे बच्चे के मुंह में चुसनी लगी थी। मैं उसे प्रैम में ही छोड़कर बेतहाशा फाटक की तरफ़ भागा। शान्ति देवी अपने पति चार्ल्स और बेटे आशीषानन्द के साथ टैक्सी में बैठ चुकी थी।

'सुनिए, सुनिए। शान्ति देवी, चार्ल्स।' मैं चिल्लाता ही रहा टैक्सी चल दी थी। मैं ठगा-सा खड़ा रह गया। मुझे चिल्लाता देखकर माली पानी का पाइप छोड़कर मेरी तरफ़ आ गया।

'वह मेम अपना बच्चा छोड़कर भाग गई साहब?' तब तक रेनुका भी ड्राइंगरूम में चाय की ट्रे रखकर बाहर आ गई थी।

'पापा जी वह लोग कहां गए? बच्चे को यहां क्यों छोड़ गए?' वह प्रश्नभरी दृष्टि से मेरी तरफ़ देखने लगी, 'वह लोग कितनी देर में लौटकर आ रहे हैं? उनकी चाय ठंडी हो जाएगी।'

मेरे पैर लड़खड़ा रहे थे। दुर्लभ तूफ़ान में खड़ा था। मैं क्या बोलूं। तभी बच्चे के रोने की आवाज़ सुनाई दी। बच्चे का रोना सुनकर रेनुका ड्राइंगरूम की तरफ़ भागी। मैं भी पीछे-पीछे गया। रेनुका ने बच्चे को गोद में ले लिया और उसके मुंह में फिर से चुसनी लगा दी। माली भी दरवाज़े पर वहीं खड़ा था।

मैं ड्राइंगरूम के कोने में पड़े एक सोफ़े पर बैठ गया। माली फिर से बाग़ में काम करने चला गया। रेनुका ने बच्चे को प्रैम में लिटा दिया और एक कुरसी खींचकर मेरे सामने सोफ़े पर बैठ गई।

'पापा जी! यह शान्ति देवी का गोरखधंधा कुछ समझ में नहीं आया। यह वही शान्ति देवी थी न जिसका कार्ड भी आया था?'

मैंने सिर हिलाकर 'हां' कर दी। रेनुका की तरफ़ देखने की मेरी हिम्मत नहीं पड़ी। रेनुका हाथ धोकर पीछे ही पड़ गई। 'पापा जी! आप सब कुछ सच-सच मुझे बताइए। आपको बताना ही पड़ेगा।'

मैंने जैसे-तैसे हिम्मत बटोरकर अपनी करनी की भेद-पुस्तक रेनुका के सामने खोलकर रख दी। कहानी खत्म करके मैं दोषी बालक की तरह नीची निगाह करके बैठ गया। मैं शर्म से गड़ा जा रहा था।

मेरी कहानी सुनने के बाद रेनुका सन्न रह गई। वह चुप थी, मैं चुप था, बच्चा मुंह में चुसनी लिए सो रहा था। यह चुप्पी ही जाने क्या-क्या कहे जा रही थी। पसोपेश के तूफ़ान में फंसे हम दोनों ही समझ नहीं पा रहे थे कि अब कैसे क्या करें? आखिर रेनुका ने ही लंबी सांस खींचकर चुप्पी तोड़ी, 'पापा जी! अब यह समस्या आपकी नहीं, हमारी है।' उसकी बात सुनकर मैंने थोड़ी हिम्मत बटोरी, 'बेटी! यह धन, दौलत, घर-बार सब तुम ही लोगों का है। मैं सोचता हूं, संन्यास लेकर किसी आश्रम में चला जाऊं।'

रेनुका की त्योरी चढ़ गई।

'क्या? पापा जी! क्या कह रहे हैं आप? संन्यास का नाम न लें। पापा जी यह बच्चा आपकी सौगात है। इसे आपको ही पालना पड़ेगा।' रेनुका की आवाज़ में तैश भरा था, वह फिर बोली, 'पापा जी यह बच्चा आपका है। मैं आपकी धरोहर समझकर इसे भी पाल सकती हूं पर आप इसे छोड़कर नहीं जा सकते। आप यहीं इसके पास रहिएगा।' रेनुका ने जैसे मेरे मुंह पर तड़ाक से तमाचा-सा मार दिया। रेनुका भरी बैठी थी, बड़बड़ाने लगी, 'यह शान्ति देवी! अपनी बला यहां छोड़कर चली गई। मुझे पता होता तो मैं उसे उसी समय ठीक करती।'

बच्चा फिर से रोने लगा। मैं अजीब-सी परिस्थिति में फंसा था, मैं बाहर बरामदे में जाकर टहलने लगा। रेनुका ने प्रैम में से शिशु को उठाया और उसे प्यार से चूमकर चिपटा लिया। गोद में बच्चा लिए वह भी बाहर आ गई, 'निर्मोही

मां! कैसे होते हैं यह लोग? पापा जी इसे देखिए तो, इसकी कैसी सुन्दर नीली-नीली आंखें हैं। कितना प्यारा है। देखिए न।' मेरी आंख अभी भी ऊपर नहीं उठ रही थी। तभी अविनाश की गाड़ी का हॉर्न बजा। माली ने गेट खोला और अविनाश की कार अंदर आ गई।

मैं सोच ही रहा था कि वहां से भाग जाऊं। अविनाश मेरी तरफ़ मुड़ा, 'पापा आज आपने क्या-क्या किया? तभी उसने रेनुका को देखा, 'अरे रेनुका! किसका बेबी ले आई? कौन आया था आज?'

रेनुका ऐसे बनी जैसे उसने सुना ही नहीं हो, 'अविनाश! तुम्हारा ऑफ़िस कैसा रहा? तुम्हारे बॉस मिस्टर पॉल लौट आए?'

'नहीं, कल आएंगे।'

'अरे भाई यह बच्चा कहां से ले आई? किसका है?'

बेबी को गोद में लेकर रेनुका अंदर चली गई और अविनाश भी उसके पीछे-पीछे चलने लगा। मैंने कहा, 'अविनाश, मैं ज़रा बाहर टहलने जा रहा हूं। आधे घन्टे में लौटूंगा। रेनुका से कह देना।'

मैं जल्दी से बाहर गया। गेट खोलकर बाहर सड़क पर आ गया। सड़क पर पहुंचकर और सोचकर मैं पसोपेश में पड़ गया, रेनुका, अविनाश को सब कुछ बताएगी और फिर अविनाश क्या सोचेगा? मेरी करनी पर थू-थू करेगा। मैं क्या करूंगा? कैसे घर लौटूं? कहां जाऊं? कहां जाऊं? मन में आया कि यमुना में डूब मरूं। पर उसके लिए हिम्मत नहीं जुटा पाया। घड़ी देखी, आधे घन्टे से ऊपर हो चुका था। मेरे पांव अपने आप ही धर की तरफ मुड़ गए। फाटक खोलकर दबे पांव मैं अंदर गया। मैंने घर का दरवाज़ा खटखटाया और अविनाश ने दरवाज़ा खोला। मेरी हिम्मत नहीं पड़ी कि मुंह उठाकर उसे देखूं। मेज़ पर चाय, नाश्ता रखा था। खाने की मेज़ के पास प्रैम रखा था और उसमें वह शिशु सो रहा था। हमेशा की तरह मैं अपनी कुरसी पर बैठ गया। मन में तूफ़ान उठ रहा था कि अविनाश मेरी बनाई गई समस्या को कैसे लेगा कि अविनाश ने मुझसे सीधे प्रश्न किया, 'पापा जी आपने क्या सोचा है? इस बच्चे का क्या होगा?'

मैंने साहस बटोरकर कहा, 'रेनुका का निश्चय ही मेरा निश्चय होगा।'

अविनाश तमतमा गया, 'रेनुका से क्या मतलब? यह बच्चा तो उस औरत का है।'

मैं चुप। यह पक्ष तो मैंने सोचा ही नहीं था। मैंने चुपचाप ही सारा ही दोष अपने ऊपर ले लिया था। मुझमें थोड़ी हिम्मत आ गई और मैंने दबी जबान से कहा, 'क्या कर सकते हैं?'

'बहुत कुछ कर सकते हैं। हम बिना मतलब किसी का बोझ क्यों उठाएं? इस बच्चे को अनाथालय में दे आएंगे। सारी इल्लतों से बच जाएंगे वरना दुनिया से क्या-क्या कहते फिरेंगे। सोचिए न।'

अविनाश ने एक नई समस्या का समाधान निकालकर सामने कर दिया। उसने ठीक ही कहा, हमें क्या मालूम यह किसका बच्चा है। मैंने भी सोचा, दुनिया की दृष्टि में अपनी इज़्ज़त की बैसाखी लेकर सिर उठाकर रहना पूरे कुटुम्ब के लिए हितकर होगा। मैं भी बच जाऊंगा।

इतने में कमरे में रेनुका भी आ गई। अविनाश ने उसके सामने समस्या का हल 'अनाथालय' फिर से दोहरा दिया। उसका समाधान सुनकर रेनुका बाण लगी हिरनी की तरह तिलमिलाकर बोली, 'चुप रहो अविनाश यह थोथी बातें मुझे पसन्द नहीं है। बच्चा मेरे पास रहेगा। मैं इसे पालूंगी। यह मेरी समस्या है। यह मुझे मम्मी, और तुमको पापा कहेगा। समझ लो यह मेरा तीसरा बच्चा है। अब आगे तुम ऐसी बात ज़बान पर मत लाना।' रेनुका मेरी तरफ़ मुंह करके बोली, 'पापा जी! अब आपको अपनी ज़बान पर ताला लगाना होगा। जो भी हुआ उसे जाने दीजिए पर आगे से मैं जैसा कहूं वही आपको करना होगा।'

अविनाश फिर बमक पड़ा, 'अरे रेनुका तुम पागल हो गई हो। क्या कर रही हो?'

मैं मुंह नीचा किए बैठा था, रेनुका ही अब मेरी अंधे की लाठी थी।

रेनुका गंभीर हो गई, 'अविनाश। कुछ बातें ऐसी होती हैं जो सिर्फ़ औरत ही समझ पाती है, आदमी नहीं समझ पाता। यह पापा जी का सबसे छोटा बेटा है, मत भूलो यह तुम्हारा सबसे छोटा भाई है। अपने छोटे भाई को अनाथालय में भेज दोगे? बोलो?'

अविनाश पैर पटकने लगा, 'रेनुका, तुम भी खूब हो, सड़क पर पड़े बच्चे को मेरा सबसे छोटा भाई कहती हो और कहती हो कि इसकी देख-रेख तुम करोगी।'

'हां, अविनाश। पापा जी ने इसे स्वीकारा है। पर यह बच्चा भी पापा जी को और बच्चों की तरह 'दादा जी' कहेगा। मुझे मम्मा कहेगा और तुम्हें

पापा।' रेनुका मेरी तरफ़ मुड़ी, 'और पापा जी आप अपने और पोतों की ही तरह इसे भी प्यार देंगे।'

मैंने हिम्मत करके पूछा, 'पर रेनुका! तुम दुनिया से क्या कहोगी?'

'वह मुझ पर छोड़ दीजिए। मैं जो और जैसा चाहूंगी वह करूंगी, कहूंगी और आप पर आंच नहीं आएगी।'

यदि रेनुका मेरी बहू न होती तो मैं उसके पैर पकड़ लेता। मेरा गला रुंध गया और आंखें नम हो गईं।

अविनाश अभी भी स्थिति को स्वीकार नहीं कर पा रहा था, 'रेनुका तुम समझ नहीं सकती। इसे पालकर हम लोग परेशानियों में डूब जाएंगे। अभी एक हफ़्ते में भाईसाहब, भाभी जी, बच्चे लौटेंगे।

'दुनिया तो बाद में आती है। अविनाश! मैंने तय कर लिया है। अब मुझे कोई नहीं हिला सकता।'

'देखो एक बार और सोच लो। सबके लौटने से पहले हम दोनों इसे अनाथालय ले चलें। एक बार तहकीक़ात करने में क्या हर्ज है?'

रेनुका बिगड़ गई, 'अविनाश! अब आगे तुमने अनाथालय का नाम लिया तो मुझसे बुरा कोई नहीं होगा।' रेनुका पैर पटककर कमरे के बाहर चली गई।

नाजुक स्थिति से बचने के लिए मैं भी चुपचाप दुम दबाकर अपने कमरे में चला गया। मैं रेनुका की बात सोच रहा था, वह गज़ब की है। उसने तो मेरी समस्या अपनी समस्या बना ली, अब मैं क्यों परेशान होऊं?

अविनाश मेरे कमरे से मुझे खाने के लिए ले गया। रेनुका पहले से ही वहां थी। पास में प्रैम में लेटा हुआ बच्चा सो रहा था। हम सब खाना खा रहे थे। एकाएक बच्चे ने चीख मारी। रेनुका तोड़ा हुआ कौर प्लेट में छोड़कर चट से हाथ धोकर आ गई और उसने बच्चे को उठा लिया। 'अविनाश यह भूखा है, इसे पकड़ो, मैं इसका दूध बनाकर लाती हूं।' रेनुका ने बच्चे को उसकी गद्दी के साथ अविनाश को थमा दिया। अविनाश ने बच्चा थाम लिया, बच्चा बुरी तरह से रो रहा था, अविनाश ने मेरी तरफ क्रूरता से देखा, मेरे मुंह का कौर मुंह में ही था। मैं मुंह चलाना ही भूल गया था। मेरी आंख और कान खुले होकर भी बंद थे।

रेनुका बोतल में दूध लेकर आ गई। उसने बच्चे को अविनाश से ले लिया और सोफ़े पर पालती मार कर बैठ गई। बच्चा उसकी गोद में था। उसने बच्चे के मुंह में बोतल लगा दी। बच्चे ने दूध पीना शुरू कर दिया।

मैंने रेनुका को देखा। रेनुका का मातृ-स्नेह बच्चे पर टपक रहा था और वह पूरी तरह से उसमें मग्न थी। काश कि यह मातृत्व की अमूल्य भावना पुरुष को भी मिली होती।

रेनुका की गोद में वह शिशु, दूध पीते-पीते सो गया था। उसने मुंह चलाना बंद कर दिया था। बोतल में दूध अभी भी था। रेनुका ने बच्चे के कान में गुलगुलाया, वह नींद से जगा और फिर से मुंह चलाने लगा।

अविनाश का पारा अभी भी चढ़ा था। वह रेनुका व बच्चे को देखे जा रहा था। उसने मुझे घूरना बंद कर दिया था। मुझे बड़ी राहत मिली। शायद उसका पिता-मन भी जगने लगा था। हां मेरे दादा मन में भी एक मीठी-सी मुस्कान आ गई। बच्चे को प्रैम में लिटाकर रेनुका फिर खाने की मेज़ पर आ गई, 'कितना प्यारा-सा बच्चा है न अविनाश?'

अविनाश चुप। रेनुका चालू थी, 'मैं तो इसका नाम सर्वप्रिय रखूंगी।' रेनुका जाने क्या-क्या बोले जा रही थी। वह जाने कौन से संसार में विचर रही थी। उसके मुंह का कौर खत्म होता और वह दूसरा कौर तोड़ते-तोड़ते एक नई बात जोड़ देती। वह अविनाश की तरफ़ मुड़कर बोली,..'अविनाश ऐसा करते हैं कल ही एडॉप्शन के पेपर्स ले आते हैं। इसको ठीक से गोद ले लेते हैं, जिससे आगे परेशानी न हो। ठीक है न अविनाश?'

'तुम पागल हो गई हो रेनुका।'

'आप बताइए पापा जी ठीक है न?'

मैं धर्मसंकट में पड़ा क्या जवाब देता। दो मिनट चुप रहा तो अविनाश ने प्रश्न दोहराया, 'पापा, आप चुप क्यों हैं? आपका ही बनाया हुआ है सब...'

वह आगे कुछ और बोलता कि रेनुका बौखला पड़ी, 'अविनाश अब पापा जी इसमें नहीं आते, निश्चय और निर्णय मेरा है और तुम मेरे पति हो तुम वही करोगे जो मैं चाहूंगी।'

रेनुका और अविनाश की बहसा-बहसी सुनकर मैं वहां से उठा और सीधा अपने कमरे में चला गया। मैं बड़े सोच में पड़ा था। सब परेशानियां मेरी वजह से हुईं कि तभी रेनुका बच्चे को गोद में लेकर मेरे कमरे में आई। 'पापा जी! आप शायद यही सोच रहे हैं कि आप घर छोड़ दें। आप घर छोड़कर नहीं जा सकते। यह बच्चा आपका है। आपको यहां रहना पड़ेगा। मैंने कह दिया है। यह आपकी छत्र-छाया में रहेगा तो मैं इसे पाल सकती हूं।'

रेनुका ने तो पहले ही समस्या स्वयं सुलझा ली थी। सारा बोझ अपने ऊपर ले लिया। मैं किंकर्तव्यविमूढ़-सा था। मेरे माथे पर पसीना आ गया था, मैंने आखिर फिर से कह दिया, 'रेनुका तुम जैसा कहोगी वैसा ही करूंगा।'

'ठीक है अब सब कुछ मैं संभालूंगी।' वह बाहर चली गई। सबसे पहले रेनुका ने उसी समय अविनाश से फ़ोन करवाकर माली को अच्छी नौकरी दिलवाकर उसको चटपट लखनऊ भेजने का तय करवा दिया। नौकरी मिलने पर माली भी बड़ा खुश था। उसने हम सबके पैर छुए और अगले दिन वह मिठाई खिलाकर लखनऊ चला गया।

रेनुका इतने पर ही नहीं रुकी। जेठ, जेठानी और बच्चे सब घूमघाम के लौटकर आने वाले थे। उनके आने से पहले उसने पूरी नई दास्तान गढ़ ली थी। जो वह कहती अविनाश वही करने को तैयार था। जैसा कि उसने तय किया था अविनाश गोद लेने के सारे काग़ज़ात ले आया। रेनुका ने और अविनाश ने वकील से बात करके गोद लेने वाली तारीख़ भी तय कर ली।

एक दिन रात में, मैं ड्राइंगरूम में बैठा अख़बार पढ़ रहा था। नींद नहीं आ रही थी कि रेनुका आकर मेरे सामने कुरसी पर बैठ गई। 'पापाजी आपसे बात करनी है।'

मैं अख़बार पर नज़र गड़ाए-गड़ाए ही बोला, 'कहो बेटा।'

'देखिए, भाई साहब, जीजी और बच्चे आने वाले हैं। उनको मैं यह कहानी बताने जा रही हूं, आप सुन लीजिए। कोई यह बच्चा सड़क पर छोड़ गया था और सुबह-सुबह मैं और अविनाश टहलने गए थे तो इसका, रोना सुनकर इसे उठाकर घर ले आए। इस कहानी में आप कहीं भी नहीं आते। आप बिलकुल चुप रहिएगा।

'ठीक है तुम जैसा कहोगी वैसा ही करूंगा रेनुका।'

'बस मैं यही कहने आई थी। अविनाश से भी मैंने यही कह दिया है। वह मान गए हैं।' कहकर रेनुका चली गई। मैंने अखबार तह करके मेज़ पर रख दिया और मैं भी अपने कमरे में चारपाई पर लेटा-लेटा देर तक सोचता रहा।

6

छोटे बच्चे के घर में आने से घर में धूम मची थी। बच्चे का रोना भी बीच-बीच में सुनाई दे जाता था। नौकर-चाकर अपना-अपना काम कर रहे थे। रेनुका, गोद में बच्चा लिए घर भर में घूम रही थी। उसने बच्चे के लिए चटपट एक नौकरानी भी रख ली थी। अविनाश उसकी उंगलियों पर नाच रहा था। मैं रेनुका का नाटक देख रहा था। मैं तो उस हीरोइन को देखता ही रह गया। उसने तो डगमगाती नौका को संभाल लिया।

अखिल और गीता चारों बच्चों के साथ लौटे तब तो घर का नज़ारा ही दूसरा था। उनकी आवाज़ सुनते ही मैं अपने कपड़े लेकर नहाने चला गया। पर मेरे कान उधर ही लगे थे कि अब रेनुका क्या कहती है। मैं गुसलखाना बंद करके दरवाज़े की दराज़ में कान लगाए खड़ा हो गया। फिर दराज़ में आंखें गड़ाकर देखने लगा।

सबसे पहले तो घन्टी, घन्टी-सी बजाती आई। बच्चे को देखते ही बोली, 'चाची जी! यह गुड्डा कहां से आया?'

गुमसुम और चुलबुल भी बच्चे की तरफ़ नज़र लगाए थे। घन्टी ने फिर पूछा, 'यह गुड्डा कहां से आया?'

रेनुका ने उसकी बात सुनी-अनसुनी कर दी। तब तक अखिल और गीता भी आ गए। वे दोनों आश्चर्य में थे। गीता ने भी रेनुका से बच्चे का राज़ पूछा। रेनुका शुरू हो

गई। 'अरे जीजी, अविनाश और मैं सुबह-सुबह टहलकर आए तो देखा अपने फाटक के पास यह गुड्डा मुंह में चुसनी लगाए कपड़े में लिपटा पड़ा है। मैंने चट से इसे गोद में ले लिया। अविनाश मेरे पीछे पड़ गए, इसे अनाथालय में छोड़ आएं। पुलिस और क्या-क्या। बस पुलिस का नाम सुनते ही मुझे गुस्सा आ गया और मैंने कहा, मैं इसे पालूंगी। खबरदार, जो आगे तुमने कुछ कहा। बस बात खत्म हो गई।'

गीता और अखिल से अपनी गढ़ी कहानी कहकर, रेनुका बच्चों की तरफ़ मुड़ी, 'देखो। यह भैया तुम लोगों का सबसे छोटा भैया है। तुम लोगों के पीछे यहां आया है और इसका नाम है 'सर्वप्रिय' मायने सबका प्यारा।' चारों बच्चे रेनुका को देखने लगे, रेनुका बोले जा रही थी, 'देखो यह मुझे मम्मी कहेगा और दादा जी को दादा जी।'

गुनगुनी बोली, 'यह मुझसे क्या कहेगा?'

'गुनगुनी दीदी।'

'और मुझसे?'

रेनुका एक-एक बच्चे की तरफ़ उंगली दिखा-दिखाकर कहने लगी, 'इसे चुलबुल भैया, इसे गुमसुम भैया, इसे गुनगुनी दीदी और इसे घन्टी दीदी।' रेनुका ने इस आसानी से समस्या का हल निकाला। मैं उसको मान गया। मेरी जान में जान आई।

बिना चाहकर भी मैं फिर से नहाया और कपड़े पहनकर गुसलखाने के बाहर निकल आया। सारे बच्चे मेरी तरफ़ भागे और सबने मेरे पैर छुए। अखिल और गीता ने भी आगे बढ़कर पैर छुए। मैं 'खुश रहो, खुश रहो,' कहता रहा।

अब गीता ने मुझे पकड़ लिया, 'पापा जी! यह रेनुका के सर्वप्रिय कहां से आ गए?'

'अब गीता बहू! यह तुम रेनुका से ही पूछो। तुम रेनुका को तो जानती हो।'

अखिल भी बड़ा उत्सुक था, वह अविनाश से खुसुर-पुसुर कर रहा था। अपनी यात्रा से लौटा हुआ एक-एक प्राणी सर्वप्रिय की ही बात कर रहा था। रेनुका ने पहले ही अविनाश के चाभी भर दी थी और वह भी रेनुका का रिकॉर्ड बन गया था। गीता रेनुका के पीछे लगी थी। रेनुका अपनी बात पर डटी रही। तब वातावरण शान्त हुआ। गुनगुनी और घन्टी तो सर्वप्रिय पर लट्टू थीं।

सर्वप्रिय के घर में आ जाने से घर के वातावरण ने एक नया रूप ले

लिया। रेनुका सुबह-सुबह सर्वप्रिय को तैयार करके रोज़ मेरी गोद में दे देती। 'अब यह दादा जी के पास रहेगा।' जाने क्यों मुझे भी सर्वप्रिय का बड़ा मोह हो गया। मैं उसको उसकी प्रैम में लिटाकर बाहर कुरसी पर बैठकर अखबार पढ़ता रहता और जब वह रोता तो रेनुका को आवाज़ लगा देता। अब मुझे कमला की उतनी याद नहीं सताती।

रेनुका ने अविनाश के साथ सर्वप्रिय को गोद लेने के सारे काग़ज़ तो मंगा ही लिए थे। एक दिन हम सब खाने की मेज़ पर बैठे थे कि घन्टी चहक उठी। उसने रेनुका से पूछा, 'आन्टी। इसकी बर्थडे कब है?'

सुनकर अविनाश रेनुका की तरफ़ देखने लगा।

रेनुका फट से बोली, 'पहली जनवरी, नए दिन पर हम लोग सर्वप्रिय का बर्थडे मनाएंगे। तुम सबका छोटा भैया है। सोच लो किस-किस को बुलाओगे?'

अब तो बच्चों ने अपनी-अपनी लिस्ट बनानी शुरू कर दी। गुमसुम के चार पक्के दोस्त थे और चुलबुल के छह। घन्टी की पन्द्रह सहेलियां और गुनगुनी की दो सहेलियां। सब बच्चों ने नाम गिना दिए।

'अविनाश तुम लिखो न नाम।'

'मैं यह सब नहीं करता। पापा जी से कहो।' और अविनाश उठकर चल दिया। सब लोग उसको देखने लगे। रेनुका बोली, 'वाह-वाह सर्वप्रिय की पहली बर्थडे है। मैं सबके नाम लिखूंगी। है न सर्वप्रिय?' और उसने सर्वप्रिय के माथे पर चुम्बन ले लिया।

तभी गीता बोली, 'रेनुका! तुम नहीं मैं लिखूंगी।'

'ठीक है, खाना खा लें उसके बाद लिखना जीजी।'

अविनाश चुपचाप लौट आया और अपनी कुरसी पर विराजमान हो गया। बच्चों ने उसकी तरफ़ बड़ी शिकायत भरी निगाह से देखा।

खाने के बाद गीता और रेनुका के साथ सारे बच्चे बैठ गए। गीता अपना पैड लिए थी। मैं तो चुपके से दुबककर अपने कमरे में चला गया। जाते-जाते मैंने पलटकर सर्वप्रिय को देखा, वह प्रैम में लेटा-लेटा अपने दोनों पैर उठाकर एक गेंद इधर से उधर घुमा रहा था। वह बड़ा प्यारा लग रहा था। मन चाहा उसको जल्दी से प्यार कर लूं पर पर पर...।

रात को गीता, रेनुका और बच्चों की जाने कब तक लिस्ट बनती रही। अगले दिन, सुबह जब मैं नाश्ते पर बैठा तो रेनुका ही ने छेड़ा, 'पापा जी! मालूम है तीस बच्चे सर्वप्रिय की बर्थडे पर आएंगे। बच्चों को तो बस मौक़ा मिलना चाहिए।'

रेनुका बोले जा रही थी। मैं अपना हामी भरा सिर हिलाता रहा। सर्वप्रिय की बर्थडे पहली जनवरी को अभी तो काफ़ी दूर थी, पर घर में लगता था बारात आने वाली है। सर्वप्रिय सबको पहचानने लगा था। वह सबका चहेता था। जिसके पास जाना चाहता था उसकी ही तरफ़ हाथ बढ़ा देता और बच्चों में बहसा-बहसी शुरू हो जाती। कभी-कभी तो हाथापाई की भी नौबत आ जाती और मुझे ही बीच-बचाव करना पड़ता।

एक दिन दोपहर में सब सो रहे थे। किसी ने बाहर का दरवाज़ा खटखटाया। बच्चे स्कूल में थे। अखिल और अविनाश भी ऑफ़िस गए हुए थे। मैंने दरवाज़ा खोला। डाकिया एक बड़ा रजिस्टर्ड पार्सल लिए खड़ा था, उस पर मेरा नाम लिखा था। मैंने इधर-उधर देखा और दस्तख़त करके पार्सल ले लिया। कौन हो सकता है यह पार्सल भेजने वाला। मैंने पार्सल घुमा-फिराकर देखा उस पर छोटा-सा भेजने वाला का नाम लिखा था, 'शान्ति देवी'। शान्ति देवी देखकर मैं धक् रह गया।

बाहर का दरवाज़ा बंद करके पार्सल लेकर मैं दबे पांव अपने कमरे में गया। अपना कमरा बंद करके पार्सल खोला। उसमें मेरे नाम एक पत्र भी रखा था। पार्सल में एक साल के बच्चे के कपड़े थे। पत्र था-

'मिस्टर आनन्द,

आपका बच्चा 10 जनवरी को एक वर्ष का हो जाएगा। उसकी वर्षगांठ के उपलक्ष्य में उसके लिए भेंट भेज रही हूं।

शान्ति देवी'

पत्र पढ़कर मेरे रोंगटे खड़े हो गए। एक समस्या हल करने से पहले ही दूसरी समस्या आ खड़ी होती है। अब क्या करूं? सबसे पहले तो मैंने वह पार्सल अपने बक्से में कपड़ों के नीचे दबाकर रख दिया और बक्से में ताला लगा दिया। अब मैं इसी पसोपेश में था कि रेनुका को बताऊं या न बताऊं। अगर रेनुका को किसी तरह पता चल गया तब तो बंटाधार हो जाएगा। मैं कमरे का दरवाज़ा खोलकर बाहर गया, रेनुका सर्वप्रिय को गोद में लेकर

अपने कमरे के सामने खड़ी थी। मुझे देखते ही बोली, 'देखिए तो पापा जी इतने दिनों के बाद इसके एक दांत निकला। उंगली से ज़रा टटोलिए न। पापा जी आप हाथ धोकर टटोलिएगा।' मैंने हाथ धोकर सर्वप्रिय के मुंह में उंगली डाली। सचमुच नए दांत का नुकीला हिस्सा मेरी उंगली मे कांटे की तरह चुभ गया। मैंने कभी अपने बच्चों के तो दांत नहीं टटोले थे। कमला को ही सब कुछ मालूम था। पर यहां तो सारी स्थिति ही बदल गई। उधर वह बक्से का पार्सल मुझे अंदर ही अंदर कचोटे जा रहा था। बहुत सोचकर मैंने रेनुका से कहा, 'रेनुका! तुमसे कुछ बात करनी है।'

रेनुका सर्वप्रिय को ऊपर उछाल रही थी। 'कहिए न पापा जी।'

'रेनुका एक मिनट मेरे कमर में आओ।'

वह सर्वप्रिय को लेकर मेरे पीछे-पीछे कमरे में आ गई। मैंने शान्ति देवी का छोटा-सा पत्र उसके हाथ में थमा दिया। उसने शान्ति देवी का नाम देखा, 'क्या?' रेनुका ने नाक सिकोड़ी, 'पापा जी सर्वप्रिय को ज़रा पकड़िए।'

मैंने सर्वप्रिय को ले लिया। रेनुका ने वह छोटा-सा परचा कई बार पढ़ा और पूछा, 'वह पार्सल कहां है?' मैंने सर्वप्रिय को पलंग पर लिटा दिया। चट से अपने बक्से का ताला खोला और पार्सल निकालकर रेनुका के सामने कर दिया। रेनुका ने पार्सल खोला, देखकर उसे वहीं रख दिया। 'ठीक है इसे भी देखूंगी।' रेनुका सर्वप्रिय को उठाकर बाहर चली गई। तब तक गीता भी उठ गई थी।

मैंने रेनुका से कहा, 'भई, मैं जा रहा हूं। रेनुका।'

'ज़रा रुकें।'

'ऐसा है पापा जी। गीता जीजी को तो सारी बात बतानी ही पड़ेगी। आप यहीं ठहरिए। गीता जीजी! यहां आइए।'

मैं दुबककर वहीं कुरसी पर बैठ गया।

गीता कमरे में आ गई, 'क्या है रेनुका? पापा जी की तबीयत तो ठीक है?'

'नहीं दीदी बड़ी गंभीर बात है।'

'क्या हो गया भइ?' गीता मेरे पलंग पर बैठ गई। रेनुका ने मेरी तरफ़ देखा। मैं भी मुंह नीचा करके कुरसी पर बैठा था। रेनुका ने गीता को मेरी पूरी कहानी आदि से अंत तक सुना डाली। कहानी सुनकर गीता सनाका खा गई। मैं 'चोर-सा' पकड़ा गया। मन में आया भाग जाऊं, अपना मुंह छिपा

लूं। गीता ने मेरी तरफ़ देखा जैसे मुझसे पूछ रही हो कि क्या रेनुका सच बोल रही है? मैं चुप रहा। मेरी चुप्पी ही मेरी हामी बन गई।

'पर अब क्या परेशानी है?' गीता ने मेरी तरफ़ देखकर पूछा,

रेनुका बोली, 'यह शान्ति देवी कुछ बखेड़ा न उठाएं।'

'वाह, उठाएंगी कैसे? हम सब तो हैं।'

'पर यह बात सबको पता न चलने पाए जीजी। अखिल भैया...' सर्वप्रिय लेटा हुआ अपना अंगूठा चूस रहा था। अखिल अविनाश से ज़्यादा वाचाल था। ज़रा-सा ताव खाने पर वह सब का सब उगल देता था। गीता उसकी पत्नी थी वह भी उसे बिना बताए नहीं मानेगी। मैं गीता के विचार सुनने को आतुर चुप बैठा था।

आखिर गीता बोली, 'रेनू तुम घबड़ाओ नहीं। तुम और मैं मिलकर सबसे निपट लेंगे। फिलहाल यह पार्सल, कपड़े अपने कमरे में ले जाओ। सर्वप्रिय की बर्थडे पहली जनवरी को मना रहे हैं न, तभी काम आ जाएंगे।'

'ठीक है जीजी। पर हम दोनों इस पर कोई चर्चा नहीं करेंगे।'

रेनुका ने कपड़े और सामान समेट लिया और वह गीता और सर्वप्रिय के साथ मेरे कमरे में से चली गई। मुझे दोनों की हँसी सुनाई दी। ज़रूर वे दोनों मेरा मज़ाक उड़ा रही होंगी। मेरा मन बड़ा दुखी हो गया। मैं क्या करूं? कहां जाऊं? एक कंकड़ी का इतना बड़ा प्रायश्चित! मन बड़ा खिन्न था। तभी रेनुका सर्वप्रिय को शान्ति देवी का भेजा हुआ टोपा पहनाकर ले आई। वह बिलकुल सफ़ेद जोकर लग रहा था। उसने मुझे देखा तो हाथ बढ़ा दिया। उसकी मुसकुराहट ने मेरे मन की उठी टीस खत्म कर दी।

'दादू जी आप ही इसे घुमाकर लाइए।' मैंने सर्वप्रिय को गोद में ले लिया और उसे प्रैम में तकिए के सहारे बिठाकर प्रैम लेकर बाहर चला गया। बाग़ में मैं मुंह से तरह-तरह की आवाज़ें निकालता रहा। सर्वप्रिय हँसता रहा। थोड़ी देर बाद उसे मेरे कहने पर कोई भी मज़ा नहीं आया और उसने घर की तरफ़ हाथ दिखाया। वह घर के अंदर जाना चाहता था। मैं प्रैम अंदर ले गया। सर्वप्रिय की आवाज़ सुनते ही गीता आ गई और उसने सर्वप्रिय को गोद में ले लिया।

बच्चों के स्कूल से लौटने का समय हो गया था। रेनुका बच्चों को बस से लेने चली गई और थोड़ी देर में बच्चों को लेकर आ गई। सारे घर में फिर से धमाचौकड़ी होने लगी। गीता ने सर्वप्रिय को पलंग पर बिठा दिया, 'ज़रा

पापा जी इस पर नज़र रखें।' मैंने ढेर सारे खिलौने सर्वप्रिय के चारों तरफ़ रख दिए और वहीं बैठ गया।

मैं सोच रहा था, 'इस शान्ति देवी से कैसे छुटकारा पाया जाए कि तभी दिमाग़ में एक विचार कौंध गया, क्यों न इस घर को ही बदल दिया जाए। न रहेगा बांस, न बजेगी बांसुरी। यह विचार मन में आते ही खोया साहस लौट आया। रात को हम सब खाने की मेज़ पर बैठे थे। अखिल अपने दफ़्तर की बात बता रहा था और अपने बॉस का जोक सुना रहा था। अविनाश और बच्चे हँस रहे थे। बच्चे खाकर उठे, उसी समय मैंने अपने को तैयार करके कह दिया, 'अब इतने जनों के रहने के लिए यह घर छोटा है, मैं बड़ा घर लेने जा रहा हूं।'

'क्या पापा?' अखिल बमक गया।

'हां बेटा अब हमारा परिवार बढ़ गया है। बड़े घर में आराम रहेगा।'

'पर पैसे कहां से आएंगे।'

'लोन ले लेंगे। मेरी पेंशन से लोन चुक जाएगा।'

'पापा जी बिलकुल ठीक कह रहे हैं, है न गीता दीदी। हम सब मिलकर वह भी कर लेंगे।' रेनुका बोली।

नया घर लेने के विचार से सबके मुंह पर हँसी दौड़ गई।

'हां घर ढूंढ़ना शुरू कर दो तुम लोग।' घर बदलने का विचार मेरे मन में शान्ति देवी से छुटकारा ही पाने का उपाय था। यह पासा अच्छा रहा।

अखिल और अविनाश घर ढूंढ़ने में लग गए। ब्रोकर से भी कहा। कम-से-कम पांच कमरों का मकान चाहिए था। अविनाश ने सुझाव दिया, 'इतने कमरों का मकान मिले तो दो फ़्लैट भी लिए जा सकते थे।'

'बिलकुल ठीक है।' रेनुका ने झट कह दिया।

अखिल और अविनाश घर ढूंढ़ने में लगे थे। दोनों ने एक ऊंची इमारत वाले मल्टीस्टोरी में एक ही मंजिल पर बराबर-बराबर दो फ़्लैट ढूंढ़ लिए। अखिल और अविनाश मुझे फ़्लैट दिखाने ले गए। दोनों फ़्लैटों को मिलाकर छह कमरे थे और चार गुसलखाने और दो खाने के कमरे से लगे हॉल कमरे थे।

इत्तिफाक से बैंक से लोन भी मिल गया और हमारा घर ख़रीदने वाला ग्राहक भी। मेरा यह वाला घर बिलकुल अलग था। दूसरे फ़्लैटों को ख़रीदने

के लिये इसके अच्छे दाम मिल गए। कुछ कमी पड़ी वह कमी अखिल और अविनाश ने बैंक से लोन लेकर पूरी कर ली।

फ़्लैटों में बिजली, पानी आ गया। उनमें एक ही रंग से पुताई करवाई गई। अविनाश और अखिल में यों भी बड़ा प्यार था, पर अलग-अलग फ़्लैट और एक साथ रहने का आनन्द, सोच-सोचकर दोनों फूले नहीं समा रहे थे। गीता और रेनुका भी अपने-अपने घर में रहने का सोचकर बेहद प्रसन्न थीं। बल्कि एक दिन रेनुका ने हँसकर कहा, 'यह हमारा सर्वप्रिय बड़ा भाग्य लेकर आया है।' कहकर रेनुका ने उसका चुम्बन ले लिया। अखिल ने सर्वप्रिय को गोद में लेकर ऊपर उछाल दिया, 'मिस्टर गुड फ़ॉर ऑल।'

अब तो जिसको देखो वह सर्वप्रिय को 'गुड फ़ॉर ऑल' बुलाने लगा। हमारे 'गुड फ़ॉर ऑल' भी सबके और लड़ैते बन गए। एक दिन गुनगुनी बोली, 'मम्मा हम लोग 'गुड फ़ॉर ऑल' की बर्थडे नए घर में मनाएंगे।'

अविनाश टपक पड़ा, 'क्या? अभी तो वहां ढेरों काम करना है। बर्थडे यहीं मनेगा। जब तक फ़्लैट बिलकुल ठीक नहीं हो जाएंगे, हम लोग यहां से नहीं जाएंगे।'

पहली जनवरी की ज़ोर से तैयारियां होने लगी। गीता और रेनुका ने भी अपनी उन्हीं दोस्तों को निमंत्रण दिया जिनके बच्चे थे।

पहली जनवरी को नया साल भी था। हमारा घर खूब सजाया गया। शाम को बड़ी दावत थी। रेनुका भी खूब है, उसने सुबह ही सुबह कमला के प्रिय पंडित जी गोपी तिवारी को वर्षगांठ पर आमंत्रित कर लिया। पंडित जी ने पूजा भी करवाई, हवन भी किया और सर्वप्रिय को ज़मीन पर खड़ा करके लंबे गोटे की रस्सी बंटकर उसकी लंबाई नापकर पहली गांठ बांध दी।'

'अब अगले साल भी इसी गोटे की रस्सी में बबुआ की लंबाई की गांठ बांधी जाएगी।' वर्षगांठ मनाने की रीति का पंडित जी ने पूरा ब्यौरा बखान दिया। सारे बच्चे जोश में थे। घन्टी ने पूछा, 'हमारी वर्षगांठ की रस्सी कहां है मम्मी?' अब तो गीता और रेनुका एक-दूसरे का मुंह देखने लगीं। क्या जवाब दें? पंडित जी जाने की तैयारी में थे। रेनुका ने उनको दान-दक्षिणा देकर विदा किया। पर घन्टी तो घन्टी ही थी। उसने दोनों भाइयों और गुनगुनी को भी हड़का दिया। मामला तभी जाकर खत्म हुआ जब अविनाश ने गोटे की आठ-आठ फ़िट की चार रस्सियां बनाकर उनमें उम्र की गांठ बांधकर एक-एक को थमा

दी। साथ में उसने सबसे अपनी-अपनी वर्षगांठ वाली रस्सी को संभालकर रखने को भी कहा। चार समस्याओं का यों आसानी से हल हो गया।

सर्व प्रिय का बर्थडे बड़े ज़ोर-शोर से मनाया गया। शान्ति देवी का खौफ़ मेरे सिर पर चढ़ा था। मुझे नए फ़्लैट में जाने की जल्दी थी। काम खत्म होते-होते और समय निकल गया। नवंबर का महीना था। हलका जाड़ा था। मैं अपना शॉल ओढ़कर सर्व प्रिय का हाथ पकड़कर उसे बाहर ले गया और उसे एक कार दिखा रहा था। उसे गिलहरी और कौआ देखने में ज़्यादा मज़ा आता था पर कोई भी दिखाई नहीं दे रहे थे। गीता और रेनुका घर में लगीं थी। तभी फाटक के बाहर एक टैक्सी रुकी। मैंने उधर देखा तो मेरे रोंगटे खड़े हो गए। टैक्सी खुली, उसमें से सबसे पहले शान्ति देवी उतरीं। शान्ति देवी को देखते ही मैं सर्वप्रिय को लेकर घर में घुस गया। सर्वप्रिय को चुलबुल के ज़िम्मे करके मैं अपने कमरे में गुसलखाने में चला गया और मैंने अंदर से दरवाज़ा बंद कर लिया। मेरा हृदय धड़क रहा था।

शान्ति देवी और उसके परिवार को केवल रेनुका ही पहचानती थी। मैं नहीं जानता उनमें क्या बात हुई। अविनाश ने मेरे बाथरूम का दरवाज़ा खटखटाया और कड़क आवाज़ में कहा, 'पापा जी! आपके मेहमान आए हैं जल्दी निकलिए।'

मैंने शीशे में अपना मुंह देखा। बड़ा घबड़ाया हुआ लग रहा था। अब क्या होगा? यह शान्ति देवी अब क्या गुल खिलाने आई है? मैं अपने को संभालकर बाहर निकल आया। शान्ति देवी अपने पति व उसी बेटे के साथ ड्राइंगरूम में बैठी थी। मैंने ड्राइंगरूम में जाकर सबका अभिवादन किया और एक खाली सोफ़े पर बैठ गया। शान्ति देवी सोफ़े से उतरकर मेरे पास खड़ी हो गई। 'आनन्द साहब! चार्ल्स, मेरे पति आपसे कुछ बात करना चाहते हैं।'

मैं उठा और उसके पति के पास बैठ गया। चार्ल्स ने चारों तरफ़ देखकर कहा, 'मैं आपसे अकेले में बात करना चाहता हूं।'

'चलिए हम लोग टहलने चलते हैं।' मैं चार्ल्स को लेकर बाहर चला गया।

'कहिए मैं आपकी क सेवा कर सकता हूं।'

'शान्ति देवी अपना बच्चा लेने आई है।'

'क्या?'

'हां मिस्टर आनन्द! हमने कनेडियन एम्बेसी में बात कर ली है। सारी व्यवस्था हो गई है। इंडियन मिनिस्ट्री से भी परमिशन ले ली है। सारी फ़ॉरमैल्टी पूरी होने वाली है।'

'पर हमने तो उसे गोद ले लिया है। अब मेरी बहू रेनुका उसकी मां है।'

'पर आप, शान्ति का बच्चा नहीं ले सकते।' चार्ल्स की आवाज़ में सख्ती थी।

'देखिए यह बच्चा मेरी बहू रेनुका का है। आप उसी से बात कर लीजिए।' मैं ड्राइंगरूम में गया और इशारे से रेनुका को बुलाकर मैंने धीरे से उसे सब कुछ बता दिया।

रेनुका सुनकर बिलबिला गई। लौटकर ड्राइंगरूम में आकर तनतनाकर बोली,

'आप लोग सर्वप्रिय को ले जाने के लिए आए हैं? और तब आप लोग क्यों बच्चे को यहां छोड़कर पीछे बिना देखे चल दिए थे?'

'वह समय और परिस्थिति दूसरी थी। शान्ति देवी बच्चे के बिना नहीं रह सकती। वह लेकर ही मानेगी।'

'देखिए अपने परिवार को लेकर आप यहां से अभी चले जाइए वरना...'

'वरना क्या करेंगी?'

'मैं पुलिस को बुलवा लूंगी। बच्चा हमारा है। हमने पाला है। खबरदार जो आपने उसको ले जाने की बात कही।' रेनुका ने ऐलान कर दिया, 'सुन लीजिए शान्ति देवी! मैं बखेड़ा नहीं करना चाहती, अब आप सब यहां से अभी फ़ौरन दफ़ा हो जाइए। हमारे घर में हमारे भी बच्चे हैं। आगे से आप सबके लिए हमारे घर का रास्ता बंद है, कान खोलकर सुन लीजिए। बस यहां से आप सब लोग अभी टलिये।'

रेनुका ने सबका ऐसा अपमान किया कि शान्ति देवी और शान्ति देवी का परिवार एक क्षण भी न टिक सका। रेनुका ने उसी समय टेलीफ़ोन करके टैक्सी मंगवा दी। रेनुका सबको टिकटिकाती हुई फाटक तक ले गई। रेनुका उन्हें टैक्सी पर बिठाकर उनके जाने के बाद फाटक बंद करके ताला लगाकर लौटकर आ गई। मैं चुप, गीता चुप, अविनाश चुप और अखिल चुप। मैं चुपचाप

अपने कमरे में चला गया। मेरे शरीर में कंपन हो रहा था, पर कान रेनुका की तरफ़ लगे थे।

सर्वप्रिय बच्चों के साथ था। अब ड्राइंगरूम में अखिल, अविनाश, रेनुका और गीता थे। वे सब अब क्या कर रहे हैं? यह जानने के लिए मैं ड्राइंगरूम के बाहर दरवाज़े के पास दीवार पर लगी हुई टेढ़ी तस्वीर को ठीक करने में लग गया। रेनुका घुसफुस-घुसफुस करके सबको मेरा इतिहास दोहरा रही थी। मैंने ड्राइंगरूम में झांका अखिल आंखें फाड़े सब सुन रहा था। मैं चुपचाप अपने कमरे में जाकर चारपाई पर पड़ गया। अब तो सारी बात अखिल को भी पता है। मैं अपने बड़े बेटे को कैसे मुंह दिखाऊंगा। उसके लिए तो मैं सदा आदर्श-सा बना रहा। कमला की याद आ गई। वह दोनों बच्चों से जब तब कहती थी, 'अपने पापा की तरह बनो। देखो वह कितना नियम का पालन करते हैं।' और मैं नियम का पालन करने वाला क्या कर बैठा। परिवार की मान-हानि का ज़िम्मेदार मैं था।

7

मैं आंखों पर बांह रखे चारपाई पर पड़ा था, रेनुका, गीता के साथ कमरे में आई और बोली, 'पापा जी उठिए। आप क्यों रंजिश में हैं। सर्वप्रिय मेरा बच्चा है। हमने लिखाई-पढ़ाई करके उसे गोद लिया है। मजाल है कि कोई उसे छू भी ले।'

रेनुका की तेज़ आवाज़ ने मुझे बल दे दिया। मैं उठकर बैठ गया। गीता ने भी रेनुका का साथ दिया, 'पापा जी इस पचड़े में तो आप आते ही नहीं हैं। यह बच्चा तो सड़क पर मिला था। इसमें कौन क्या कह सकता है? यह लोग उसे नहीं ले सकते।'

रेनुका और गीता की बात सुनकर मुझे ढाढ़स बंधा। यह दोनों सच ही कहती हैं। सर्वप्रिय और चारों बच्चों की तरह है। इतने में अखिल भी, अविनाश के साथ मेरे कमरे में आ गया। मैंने अखिल की तरफ़ आंख नहीं उठाई। पर अविनाश सहूलियत वाला था, उसी ने मौन तोड़ा, उसकी आवाज़ में नरमी थी, 'पापा जी उठिए। अपने को संभालिए। अखिल भैया को रेनुका ने सब समझा दिया है। वे आपसे कुछ नहीं कहेंगे।' अविनाश को पता था कि मैं अखिल से घबराता हूं।

'उठिए पापा जी।'

मैं अखिल से बिना आंख मिलाए उठकर ड्राइंगरूम में चला गया।

शान्ति देवी परिवार के साथ दिल्ली के होटल में ही ठहरी रहीं। चार्ल्स और शान्तिदेवी के फ़ोन बराबर आते रहे, रेनुका ने सबसे कह रखा था कि अगर पापा जी का फ़ोन आता है तो पापा जी को नहीं बुलाया जाएगा वही बात करेगी। रेनुका ने मुझसे कह रखा था कि मैं भी फ़ोन न उठाऊं।

अपने कमरे में मैं गहरी नींद में सोया था। रात का एक बजा था। मेरा मोबाइल बजा। मैंने सोते-सोते उठाया, 'हलो।'

'मैं हूं शान्ति देवी। मुझे अपना बच्चा चाहिए। आपको देना होगा।'

मैंने मोबाइल बंद कर दिया और उसे बिस्तर के नीचे रख दिया। शान्ति देवी दिल्ली में जाने कब तक रही। रेनुका ने सर्वप्रिय को घर ही में रखा। उसने सर्वप्रिय को घर के बाहर खेलने भी नहीं जाने दिया। अभी तक मैं, अखिल और अविनाश पर ही सब कुछ छोड़े था। अब जल्दी-से-जल्दी परिवार को उन नए खरीदे फ़्लैटों में जाना है। अब मैं कार लेकर सुबह ही सुबह नाश्ता करके वहां चला जाता था। दोनों फ़्लैट तैयार थे। हमारा पुश्तैनी मकान बिक गया था। नए मकान मालिक के साथ उसकी रजिस्ट्री करवाने जब मैं महरोली ऑफ़िस में गया तो मन में एक टीस-सी उठी। कमला की याद हरी हो आई। इसी घर में हमारे पिता जी और माता जी भी, साथ रहे थे। पूरा जीवन यहीं बिताया था। यह विचार जल्दी ही हवा हो गया। अब तो दो फ़्लैट थे। एक अखिल का, एक अविनाश का। अखिल और अविनाश अपने-अपने फ़्लैटों में अलग-अलग रहेंगे। एक दिन मैंने वकील के पास बैठकर अपनी वसीयत भी लिख दी। लेकिन जब मैं वसीयत लिख रहा था तो मेरे दिमाग में क्षण भर को कौंधा, 'सर्वप्रिय भी तो मेरा बेटा है। नहीं-नहीं अब वह रेनुका का बेटा है।' मन शान्त हुआ।

फ़्लैट तैयार थे। रेनुका ने पंडित जी से शुभ मुहूर्त निकलवाया। निश्चित दिन अखिल और अविनाश अपने-अपने फ़्लैटों में चले गए। दोनों ही बेटे बड़े प्रसन्न थे। यों आसानी से सारे घर भर की समस्याएं हल हो गई, मैं भी निश्चिंत था। मैंने अविनाश व रेनुका के साथ रहने की इच्छा दिखाई तो रेनुका ने मेरा कमरा अपने घर में बना दिया।

इस नए फ़्लैट में आने के बाद मन बड़ा शान्त हुआ। उस घर में पुरानी यादों के साथ जीता था, यहां सभी कुछ नया था। मन में आगे बढ़ने का उत्साह लेकर सोचने लगा। आगे बढ़ने के लिए पीछे मुड़कर देखने से भी समय बरबाद होता है।

एक दिन मैं बाज़ार जा रहा था। बाज़ार में एक बचपन का साथी गिरीश मिल गया, 'कहां जा रहे हो यार?' मैंने पूछा।

'तुम कहां जा रहे हो?'

'यों ही टहल रहा हूं।'

'चलो मेरे साथ', और वह मुझे अपने साथ एक आर्यसमाज मंदिर में ले गया। आर्यसमाज की इमारत ऐसी आधुनिक बनी थी कि लगता ही नहीं था कि वह पुराना पीला पुता हुआ आर्यसमाज है। सफ़ेद चमकता हुआ पेंट और स्मार्ट कपड़े पहने वहां के नौकर-चाकर। मंदिर से हवन-सामग्री जलने की ख़ुशबू आ रही थी। ख़ुशबू से मेरा मन रंग गया। उसमें घुसा तो गिरीश मुझे वहां के पुस्तकालय में ले गया।

'आजकल मैं यह पुस्तकालय बनाने में लगा हूं।' मैं चकित होकर किताबों की अलमारी की तरफ़ बढ़ा ही था कि एक युवक कमरे में आया, उसने गिरीश से पूछा, 'अंकल गिरीश, कितने लोग टंकारा चलेंगे? मैं टिकट लेने जा रहा हूं।'

'यार यह टंकारा क्या बला है?' मैंने गिरीश से पूछा।

'तुम रहे वैसे के वैसे ही बुद्धू। गुजरात में टंकारा अपने दयानन्द सरस्वती का जन्म स्थान है।'

टंकारा का नाम तो मैंने सुना भी न था। दयानन्द सरस्वती की कभी-कभी कमला बात करती थी। उसकी बुआ जी उनकी भक्त थी। टंकारा नाम से प्रभावित होकर मैंने सोचा, मैं भी देखूं तो टंकारा कैसा है और मैंने गिरीश से कहा, 'क्या मैं भी तुम लोगों के साथ चल सकता हूं?'

गिरीश आश्चर्य से मुझे देखने लगा, 'क्यों नहीं। इससे अच्छी क्या बात होगी।' उसने उस युवक से कहा, 'गणेश, एक टिकट हमारे मित्र आनन्द के लिए भी ले आना।' गिरीश ने उसी समय अपनी जेब में से सौ-सौ के कई नोट निकालकर गणेश को दे दिए। रुपए लेकर वह चला गया। गिरीश ने मेरे कंधे पर हाथ मारा, 'दोस्त तुम कुछ बदल गए। तुम तो दिलफेंक हरफ़नमौला थे। शायद कमला के जाने के बाद कुछ बदलाव आया है।' मन में आया उसके एक चपत जमाऊं पर चुप रहा। साथ-साथ यात्रा करने का चाव भी मेरे मन में समाया था।

'अच्छा बोलो! पैसे कितने देने हैं?'

'दे देना जल्दी क्या है?'

विदा लेते समय गिरीश ने एक पर्चे पर रुपए भी लिख दिए और जाने का समय आदि भी। मैं सारी सूचना लेकर घर लौट आया।

हमारे दोनों फ़्लैट बराबर-बराबर थे। रेनुका और गीता ने आपस में सलाह की थी कि दोनों परिवारों का नाश्ता-पानी अलग-अलग होगा, पर रात का खाना सब लोग एक साथ खाएंगे और वह भी एक दिन गीता के घर एक दिन रेनुका के यहां।

उस दिन गीता के घर में रात का खाना था। खाने के बाद जब मैंने कहा, 'मैं टंकारा जा रहा हूं।' तो सबके सब मेरा मुंह देखने लगे। अविनाश का लड़का चुलबुल मनचला था और फट से बोला, 'दादा जी यह टंकारा टंकारा कैसा अजीब-सा नाम है। देखो भई टन टन टन।' और सब बच्चे टन टन टन कहकर हँसने लगे। रेनुका ने सबको डांट लगाई। मेरी तरफ़ मुड़ी, 'पापा जी कुछ तो बताइए आपने टंकारा जाने का एकदम से कैसे सोच लिया?' मैंने गिरीश से हुई मुलाक़ात के बारे में कह सुनाया। थोड़ा-बहुत जो गिरीश ने टंकारा यात्रा के बारे में बताया था वह भी बताया।

रेनुका के परबाबा महाज्ञानी लेखक थे। उन्होंने अपनी आत्मकथा लिखी थी। यह भी मैंने अविनाश की शादी में सुना था। उन्होंने ऋषि दयानन्द के दर्शन तो किए ही थे और ऋषि दयानन्द ने उनका जनेऊ भी कराया था। साथ ही साथ वेदों और शास्त्रों का रेनुका के परबाबा ने अध्ययन करके एक वेद का हिन्दी में अनुवाद भी किया था। उन्होंने 'एकवेदी' नाम से प्रसिद्धि भी पाई। रेनुका ने एक बार पंडित एकवेदी की कथा भी बताई थी।

जब मैं सबको टंकारा की बातें सुना रहा था तो रेनुका का चेहरा देखने वाला था। वह इसलिए और भी प्रसन्न थी कि मैंने उसके परबाबा का नाम लिया था। उसको भी सब याद आ गया।

'यहां के झंझटों में तो पापा जी मैं भूल ही गई थी।' चारों तरफ़ बैठे बच्चे, गीता और अखिल, रेनुका और मुझे देखे जा रहे थे।

रेनुका बड़ी प्रसन्न थी। अगले दिन वह बाज़ार गई। वह फटाफट कंधे पर लटकाने वाला एक बड़ा नीला बैग लेकर आ गई। उसने मेरे कपड़े और मेरी ज़रूरत का सामान बैग में रख दिया। उसने याद करके कुछ नाश्ता आदि बनाकर भी पैक कर दिया। फिर उसने मुझसे कहा, 'पापा जी! अब आप बैग उठाकर तो देखिए भारी तो नहीं है।' मैंने बैग के स्ट्रैप दोनों हाथ डालकर

कंधे पर लटकाया तो रेनुका हँसकर बोली, 'पापा जी! लगता है आप तो फिर से स्कूल जा रहे हैं।' मैं भी जोश में भर गया।

'हां-हां, जा तो रहा हूं।'

उसके बाद चारों बच्चों ने भी मुझे सुंदर-सुंदर रंग-बिरंगे कार्ड बनाकर दिए, उनमें अंग्रेजी में लिखा था, 'दादा जी आपकी टंकारा यात्रा सुखमय हो।'

सबकी देखा-देखी सर्वप्रिय ने भी एक काग़ज़ का टुकड़ा चील-मकोड़े बनाकर मुझे थमा दिया! मैंने उसे प्यार किया और काग़ज़ जेब में रख लिया।

जाने का दिन निश्चित हो गया। उस दिन रेनुका, सर्वप्रिय, अविनाश और अखिल मुझे बस पर छोड़ने आए। बस में बैठने वालों में आधी महिलाएं थे। गिरीश मेरे साथ ही बैठा था। हम सब पुरुष लोग कुरते-पाजामे में थे। स्त्रियां सलवार-कमीज़ या साड़ी में थीं। बस चलते ही हमारे बस का नेता ज़ोर से चिल्लाया, 'स्वामी दयानन्द की जय।' मैं भी जय-जयकार में शामिल हो गया। उनका दूसरा नारा था, 'वैदिक धर्म की जय।' मैं खिड़की से हाथ हिलाता रहा। बस करोल बाग़ में रुकी।

वहां हमारे नेता ने आचार्य महेन्द्र शास्त्री को बस में बिठा लिया। बस तेज़ी से चलने लगी। रात होने पर हमारी बस एक शहर में एक आर्यसमाज मंदिर में रुकी। वहीं हम लोग सोए। अगले दिन भी यही क्रम रहा। बस रुकती, सब विश्राम करते, सुबह बस में सवार होने से पहले हवन होता और उसके बाद प्रवचन होता था और सुबह का कार्यक्रम आर्यसमाज वालों को धन्यवाद देने के साथ खत्म होता।

हर शहर में हमारे मेज़बान वहीं के आर्यसमाजी होते थे। वे सब मन हरने वाला अतिथि सत्कार करते। असली घी का खाना मिलता। ब्यावर आर्यसमाज वालों ने तो हम यात्रियों के लिए आंखें बिछा दी। वहां के मंत्री जी ने स्वयं अपने हाथों से आटा माढ़ा था। हमारे नेता ने दबी ज़ुबान में उनसे दान देने की बात कही तो मंत्री जी ने कहा, 'हमारी आर्यसमाज के किराए से काफ़ी आमदनी होती है। हम यहां आने वालों का स्वागत करते हैं।' इतना ही नहीं, बस में चढ़ने से पहले उन्होंने हम सब यात्रियों को माला पहनाई। इत्र की फुरैरी दी और साथ में वहां की भजन-कीर्तन की एक सुंदर पुस्तक भी भेंट में देकर हम सबको भाव-भीनी विदाई दी।

सुबह नौ बजे ब्यावर से चलकर, पाली होते हुए, बस शिवगंज आर्यसमाज पहुंची। वहां भी हम सबका स्वागत हुआ। उसके बाद हमारी बस दिलवाड़ा में रुकी। वहां हमने श्वेताम्बर जैनियों का प्रसिद्ध दिलवाड़ा मंदिर देखा। संगमरमर का वह मंदिर आबू पर्वत पर बना है और इसमें बड़ी सुन्दर कारीगरी है। वहीं हमने झील के किनारे ब्रह्मकुमारी का योगस्थान भी देखा। यहां एक हज़ार लोग रहते हैं। इनमें बहुत सारे विदेशी पुरुष, महिलाएं भी थे। जब हम लोग हॉल में घुसे तो देखा, वहां सब लोग पालथी मारे ध्यान में मग्न बैठे हैं। हमारे साथ एक सज्जन थे। उन्होंने हमको उनके बारे में बताया, 'ब्रह्मकुमारी मत सिन्ध के स्वर्गीय दादा लेखराज ने चलाया था। मत में विश्वास करने वाले सब लोग पूर्ण ब्रह्मचर्य से रहते हैं। सबने प्रतिज्ञा की है कि वे लोग सन्तानोत्पत्ति नहीं करेंगे।'

मुझे जाने क्यों शान्ति देवी और सर्वप्रिय याद आ गए। एकाएक मैंने वहीं बैठे विदेशी भक्तों पर नज़र दौड़ाई कि कहीं उनमें वह शान्ति देवी भी न बैठी हों और मैं जल्दी से दुबककर हॉल के बाहर आ गया। चुपचाप बस में अपनी सीट पर बैठा रहा। जब सब बस-यात्री लौट आए तब बस चली। हम सब राजकोट पहुंचे। वहां फिर हम लोगों का भव्य स्वागत हुआ। अब तो मैं सचमुच 'स्वागत' से घबरा-सा गया था। मैं चुपके से पास में, स्वामी नारायण मत वालों का लक्ष्मीनारायण मंदिर देखने चला गया। मंदिर में पूजा चल रही थी। भक्त पुरुष लोग लेट-लेटकर मूर्तियों को दंडवत् प्रणाम कर रहे थे। पूजा के समय स्त्रियों को उस स्थान पर जाने का अधिकार नहीं था। स्त्रियां दूर से ही प्रणाम कर रहीं थीं। देखदाखकर मैं बस यात्रियों से जा मिला। अगली सुबह हम सब लोग प्रसिद्ध सोमनाथ मंदिर देखने गए। दिन के बारह बजे थे, पूजा व आरती चल रही थी। सोमनाथ का मंदिर चार बार टूटने के बाद बना था। इसे सबसे पहले महमूद गज़नवी ने तुड़वा दिया था। भारत की स्वतंत्रता के बाद सरकार ने इसको एक बार फिर से बनाया।

जब हमारी बस पोरबंदर पहुंची, हम सबको बड़ा जोश था। पोरबंदर, गांधी जी का जन्म स्थान था। मुझे उनका घर देखकर बड़ा अच्छा लग रहा था। वहीं हम लोग, भारत-मंदिर देखने गए। भारत-मंदिर में सभी धर्मप्रवर्तकों की मूर्तियां थी। वहां मूर्तिपूजा का विरोध करने वाले स्वामी दयानन्द सरस्वती की भी एक सुन्दर भव्य मूर्ति थी। उसे देखकर मुझे बड़ा आश्चर्य हुआ।

भारत-मंदिर के बाग़ में मोर और मोरनियां निडर होकर घूम रहे थे। चारों तरफ़ फूल खिले थे और वहां के पेड़, फलों से लदे हुए थे। एक पेड़ पर बहुत बड़े-बड़े चीकू लगे हुए थे। पेड़ को देखकर मेरे मुंह में पानी आ गया। मुझे चीकू बहुत अच्छे लगते हैं। कमला कहीं न कहीं से चीकू लाकर मुझे खिलाती थी।

रात में हम सब तारा-मंदिर गए। वहां एक सज्जन ने हम सबका खुले आकाश में तारों से परिचय करवाया। मैं ध्रुव तारा और सप्तर्षि मंडल देर तक देखता रहा। मुझे तारा-मंदिर बहुत अच्छा लगा।

दिन में हम द्वारका पहुंचे। द्वारकाधीश के मंदिर में ताला लगा था। हमने द्वारकाधीश का मंदिर बाहर से ही देखा। मंदिर समय पर ही खुलता है।

दिन में बस टंकारा पहुंची। टंकारा तो बहुत ही छोटा शहर है। टंकारा में उस वर्ष का समारोह हो रहा था। महर्षि दयानन्द ने 'वैदिक धर्म' चलाया था। हम सब तैयार होकर प्रवचन सुनने गए। प्रवचन में एक शास्त्री जी ने महर्षि दयानन्द का गुणगान किया तथा उन्होंने कैसे हिन्दू धर्म की कुरीतियों को दूर करने का बीड़ा उठाया आदि के बारे में बता रहे थे। उन्होंने दयानन्द जी की कहानी सुनाई,

'दयानन्द जी का असली नाम मूलशंकर था। उनकी मां और पिता जी मूर्तिपूजक थे। 'शिवरात्रि' को जब बालक दयानन्द शिव मूर्ति के पास बैठे थे, उन्हें खुर-खुर आवाज़ सुनाई दी। दयानन्द की आंखें खुल गईं। वह समझे शिव जी आ गए। पर जब उन्होंने देखा, एक मोटा चूहा शिवलिंग पर चढ़ाया प्रसाद खा रहा है। उनके बाल मन में एक ही प्रश्न उठा, यह शिव कैसे रक्षक हैं जो अपनी भी रक्षा नहीं कर पाते? और उसी समय उनके मन में प्रकाश जागा। मूर्ति-पूजा से मन हट गया। वह जन-उद्धार में लग गए। लोगों का अंधविश्वास, समाज की कुरीतियों को उन्होंने गहराई से देखा। वेद, शास्त्र, पुराण पढ़े और वैदिक धर्म का प्रचार व प्रसार किया। धर्म की गहराइयों को समझा और समाज सेवा में जुट गए। समाज का उद्धार करने के लिए सबसे पहले खुले दिमाग से सोचने का उन्होंने मंत्र ले लिया। खुलकर शास्त्रार्थ किए और आर्यसमाज के दस नियम बनाए आदि आदि।'

प्रवचन खत्म हुआ। मुझे याद आया मैंने बचपन में यह कहानी तो सुनी थी। मेरे बाबा ने एक बार सुनाई थी। फिर घर की औरतों का राज्य चलने

लगा। हम सब मूर्तिपूजक हो गए। शायद यह सब न तो कोई उन्हें बताने वाला ही रहा और शायद मूर्तिपूजन एक सरल-सा काम है। अनपढ़ भी कर सकता है।

वहां के यज्ञ में हम सबने भाग लिया। उस दिन अछूतोद्धार का समारोह था। आर्यसमाज में बिना प्याज़ लहसुन पड़े हुए भोजन का प्रबंध था। भोजन से पहले शास्त्री जी ने बताया कि 'जात-पात तोड़कर और अछूतोद्धार के उपलक्ष्य में यह भोजन है। बच्चे, स्त्री, पुरुष, ब्राह्मण, वैश्य और शूद्र सब खाना परोसेंगे और खाना खाएंगे, जिससे हमारे मन के द्वेष भाव समाप्त हों।'

उनकी बातें मुझे बड़ी अच्छी लगीं। वे बहुत सरल हिन्दी भाषा में सरलता से समझा रहे थे। मंत्र पढ़ने के साथ उसका अर्थ भी बतलाते थे। हम सभी, उन पर लट्टू हो गए। मैंने खाने के बाद शास्त्री जी से पूछा, 'शास्त्री जी कल आपका क्या कार्यक्रम है?'

'बन्धु! कल हम लोगों ने विधवा-विधुर विवाह समारोह रखा है। हमने विधवाओं को आमंत्रित किया है। विधुर पुरुषों को भी बुलाया है, समारोह में सभी का स्वागत है।'

उसके बाद शास्त्री जी ने विधवाओं की दिल छूने वाली दर्दभरी कहानियां सुनाई। इस समारोह में बाल विधवाएं और वृंदावन में रहने वाली पुनर्विवाह की इच्छुक महिलाएं आमंत्रित थीं। मैंने इस तरह का न तो कोई समारोह देखा था, न सुना था।

'क्या विधवा विवाह जात-पात तोड़कर ही किया जाता है?' मैंने शास्त्री जी से पूछ ही लिया।

'बन्धु! जानवरों से लेकर मनुष्यों तक परमपिता परमात्मा ने केवल स्त्री-पुरुष ही बनाए हैं। यह हम मनुष्यों की सोच तो देखो। हमने कितने धर्म गढ़ दिए। कितनी तरह की जातियां बना दीं। ईश्वर ने काले-गोरे तो बनाए पर वे सब स्त्री और पुरुष ही तो हैं। वाह रे वाह, हमने यह जात-पात बनाकर समाज का कबाड़ा ही कर दिया।' शास्त्री जी दयानन्द के बनाए 'वैदिक धर्म' के बारे में गुणगान करते रहे।

अगले दिन के अनोखे विधवा-विधुर विवाह दिवस समारोह देखने का, बस में आए हुए सभी लोगों को बड़ा उत्साह था।

सुबह-सुबह मुझे वेद मंत्रों की आवाज़ सुनाई दी और मेरी आंख खुल गई। मैं जल्दी से नित्य-कर्म से निपट गया।

विधवा-विधुर विवाह समारोह दिवस अपने-आप में ही अनोखा था। मैं तैयार होकर कमरे के बाहर आया। मुझे आश्चर्य हुआ कि बाहर सभी लोग पहले से ही वहां पहुंचे हुए थे। वहां गिरीश भी खड़ा था। उसने मुझे देखकर जाने क्यों आंख मारी। मुझे उस पर बड़ा ग़ुस्सा आया। मैं उससे दूर अलग खड़ा हो गया। वहां के बड़े हॉल में समारोह का आयोजन हुआ था। दीवार के एक तरफ़ बड़ी दरी बिछी थी। उस पर सफ़ेद चादर बिछी थी। सामने वाली दीवार से लगी दूसरी दरी थी और उस पर भी सफ़ेद चादर बिछी थी। हवन के धुएं से हॉल सुगंधित था। हॉल के भीतर एक जगह एक हवन कुंड रखा था और हवनकुंड के चारों तरफ़ आसन व हवन का सामान भी रखा था। उसी हवनकुंड के पास गुलाब के दो हार भी रखे थे। पास में लकड़ियां, सामग्री, घी आदि रखा था। गेरुआ कपड़े पहने दो पंडितों ने हॉल में घुसने वालों का स्वागत किया। हम तमाशा देखने वालों के लिए एक तरफ़ अलग गद्दा बिछा था। हम सब बस यात्री उस पर बैठ गए। हम लोग बैठे ही थे कि हॉल के दूसरे दरवाज़े से सफ़ेद साड़ी पहने, सिर ढांके हुए विधवाओं का एक झुंड हॉल में आया। उन्होंने हम सबको नमस्ते की और दरी पर विराजमान हो गईं। उन विधवाओं में सबसे बड़ी विवाह इच्छुक कच्चे-पक्के बालों वाली अधेड़ आयु की बड़ी ही आकर्षक महिला थी, और उनमें सबसे छोटी विधवा थी करीब बीस साल की। वह तीखे नाक-नक्श लिए सांवली, पर बड़ी-बड़ी चमकने वाली आंखों वाली युवती थी। उन विवाह इच्छुक महिलाओं में हर आयु की महिलाएं थीं। उनमें एक, एक आंख वाली व एक लंगड़ी युवती भी थी।

सब महिलाएं बैठ गईं, अब विवाह इच्छुक पुरुषों का नंबर आया। बैठे हुए विधुर पुरुष हर आयु के थे। युवक, मध्यम आयु व बड़ी आयु के भी पुरुष थे। पुरुषों का नंबर बहुत था। देखने वालों की भी अच्छी-भली भीड़ थी। सभी विधुर पुरुष सफ़ेद कुरते-पाजामा में थे। मैंने चारों तरफ़ देखा। हॉल की दीवारें गेंदे के फूलों से सजी थीं और उन पर लिखा-'स्वागतम्' भी फूलों से सजा था। सारा हॉल, गुलाब के फूलों से महक रहा था। भविष्य के सुख की आशा लिए विवाह इच्छुक, स्त्री, पुरुष सभी प्रसन्न थे। हम सब बस यात्री चकित होकर आगे होने वाले कार्यक्रम की सांस रोककर प्रतीक्षा कर रहे थे।

शास्त्री जी ने खड़े होकर हाथ जोड़कर आंख बंद करके एक मंत्र पढ़ा और अर्थ बताया, 'हे ईश्वर, हमारे समारोह को सफल बनाएं।' उसके बाद

शास्त्री जी की पत्नी आगे आईं। वह बड़ी मीठी आवाज़ में बोलीं, 'सबसे पहले मैं सबसे बड़ी आयु वाली महिला को निमंत्रित करती हूं।' वह कच्चे-पक्के बालों वाली अधेड़ आयु वाली महिला खड़ी हो गई। शास्त्री जी की पत्नी आगे बढ़ीं, वह उनको बड़े स्नेह से आगे ले आईं। 'हमारी बहन सरला जी, अंग्रेजी में एम.ए. हैं। यहीं एक कॉलेज में लेक्चरर हैं। आपके दो पुत्रियां हैं। दोनों का विवाह हो चुका है। वे दोनों अपने-अपने घरों में सुखी हैं। इनसे विवाह इच्छुक विधुर खड़े हो जाएं और अपने बारे में सब कुछ बताएं।' सब लोग आए हुए पुरुषों की पंक्ति को देखने लगे। एक पुरुष खड़ा हुआ, छोटे क़द का था पर बड़ा सुशील था। 'मेरा नाम नन्दन पाण्डे है। मैं पटना में रहता हूं। सरकारी दफ़्तर में काम करता था। अब रिटायर्ड हूं। एक पुत्र व पुत्री है। दोनों विवाहित हैं, अपने-अपने घर में रहते हैं। मेरा निजी मकान है।' जब उन्होंने अपने बारे में सब कुछ बता दिया, सरला जी बहुत प्रसन्न नहीं दिखीं। मैं उनकी तरफ़ देख रहा था। उनकी दृष्टि भी मेरी तरफ़ थी। उस दृष्टि से मैं तिलमिला गया। मैं खड़ा हो गया। मन में विचार कौंधा कि तब कमला, अब सरला। हॉल में खड़े, बैठे सब लोग मेरी तरफ़ प्रश्न भरी निगाह से देखने लगे। मैं बोलने लगा, 'मैं आनन्द सिन्हा हूं। दिल्ली निवासी। मैं विधुर हूं और पेंशन प्राप्त अफ़सर हूं। मेरे दो पुत्र हैं। वे दोनों विवाहित हैं। बाल-बच्चों वाले हैं।' मैं कहने को कह गया। दिल धड़क रहा था कि अब अगला अध्याय क्या होगा।

शास्त्री जी ने सरला की तरफ़ देखा, 'आप अपना निश्चय बताएं। क्या आप थोड़ी और प्रतीक्षा करना चाहेंगी?' सरला जी ने शास्त्री जी की पत्नी के पास खड़े होकर खुली आवाज़ में कहा, 'श्रीमान आनन्द सिन्हा से मैं विवाह करूंगी।'

सरला की स्वीकृति सुनकर मेरे फ़ाख्ते उड़ गए। मुझे बड़ी परेशानी लगी। शास्त्री जी स्वयं मेरे पास आए और मुझे स्नेह से ले गए। मैंने अपने को संभाला। हॉल के बाहर दो कुरसियां साथ पड़ी थीं, और उन्होंने उन कुरसियों पर हमें बैठा दिया। शास्त्री जी ने कहा, 'आप दोनों एक-दूसरे से बात करके ठीक से परिचित हो जाएं और एक-दूसरे को जान लें। जीवन भर का साथ है। परिचय अति आवश्यक है।' कहकर वह हॉल कमरे में चले गए।

सरला जी की आंखें नीची थीं। मैं भी अपनी चप्पल में से पैर निकालकर ज़मीन कुरेद रहा था कि मैं कहां से शुरू करूं। मैं पुरुष था मुझे ही पहल करनी होगी। मैंने हिम्मत बटोरकर कहा,

'आपको देखकर बड़ी प्रसन्नता हुई।'

'आपको देखकर मुझे भी। बड़े अकेले होंगे आप?'

'हां मेरी पत्नी कमला कुछ समय पहले गुज़र गई।'

'आपके बच्चे?'

'दो लड़के हैं। दोनों की शादी हो गई है। बड़े लड़के के एक बेटा और एक बेटी है।' मैं चुप हो गया। सोचने लगा। मुंह नहीं खुल रहा था।

'और छोटे बेटे के?'

'एक लड़की और दो बेटे। एक बेटा लड़की से बड़ा है और एक लड़की से छोटा है।'

'सब साथ रहते हैं?'

'दोनों दिल्ली में अपने-अपने फ़्लैटों में रहते हैं। दोनों फ़्लैट बराबर-बराबर हैं।

सरला जी ने आंख उठाई और मुझसे पूछा, 'और सिन्हा साहब आप?'

'मैं छोटे बेटे के साथ रहता हूं। मैं आपसे फिर से पूछना चाहता हूं कि आप सचमुच मुझसे विवाह करना चाहती हैं?'

'नहीं चाहती तो इस समारोह में क्यों आती?'

सरला जी ने लंबी सांस खींची और ज़मीन पर देखने लगीं। 'अपनी लड़कियों की शादी के बाद मेरा जीवन बड़ा अकेला हो गया। कॉलेज से लौटकर आती हूं तो घर भांय-भांय करता है। विधवा-विधुर विवाह दिवस मनाना एक अच्छी समाजसेवा है। समाज में स्त्रियों के लिए एक नया रास्ता...।'

सरला जी ने सांस भरी।

'पुरुषों के लिए भी तो एक नया रास्ता है।'

'देखिए सिन्हा साहब। पुरुषों के लिए तो रास्ता कब बंद था? यह तो सारे रीति-रिवाज, पर्दा और समाज के सारे नियम-बंधन तो स्त्रियों के लिए ही मान्य है।'

मेरा साहस लौट आया, 'अब आप अपना निश्चय बताइए।'

'मेरी तो 'हां' है।'

'मेरी भी 'हां' है।

मेरी कुरसी में एक घन्टी लगी थी और एक घंटी सरला जी की कुरसी में भी लगी थी। पहले सरला जी ने अपनी घंटी दबाई फिर मैंने अपनी कुरसी में लगी घंटी दबाई। शास्त्री जी और शास्त्री जी की पत्नी दोनों बाहर आए। शास्त्री जी की पत्नी ने अति स्नेह से सरला जी से पूछा और उनकी हामी सुनकर उन्हें हॉल में ले गईं। शास्त्री जी ने दो बार मुझसे पूछा। मेरी हां सुनकर वह बड़े प्रसन्न हुए और मुझे हवनकुंड के पास ले गए। वहां पंडित जी ने हम लोगों को एक-एक गुलाब की माला थमा दी और सारी जनता के सामने हम लोगों ने एक-दूसरे के गले में जयमाल डाल दी। हमें अपने-अपने आसनों पर बैठा दिया गया। पुरोहित ने हमारा विवाह-संस्कार करवाया। मैं आनन्द सिन्हा और सरला जी पति-पत्नी बन गए। शास्त्री जी ने भेंट में औपचारिकता निभाते हुए एक छोटा-सा कैसट रिकॉर्डर दिया, जिसमें एक कैसेट भी लगा था और उसमें पूरी आर्यसन्ध्या रिकॉर्डेड थी। उन्होंने कैसेट रिकॉर्डर ऑन किया। उसमें गायत्री मंत्र 'भूर्भुवः स्वाहा' बज उठा। बुद्धि, विवेक रखने के लिए एक अनोखा मंत्र। मैंने और सरला जी ने दानपात्र में रुपए डाले और सबको नमस्कार करके, मैं सरला जी के साथ बाहर आ गया। बस में आए संगी-साथी भी हॉल के कमरे के बाहर आ गए। सब चकित थे। दो बस के मित्रों ने आगे बढ़कर मुझसे हाथ मिलाया और बस में आई सभी स्त्रियों ने सरला जी को बधाई दी। सबकी बधाई लेकर मेरा मन भी प्रसन्न था। मन में एक नई चेतना, एक नया आनन्द, एक नया जोश था। सरला जी ने भी जब मेरा हाथ पकड़ लिया, मुझमें और साहस आ गया, मानों मैं स्वर्ग में ही पहुंच गया। गिरीश भी वहीं मिल गया। मैंने सरला जी से कहा, 'ज़रा मैं इन साहब से हलो करके आता हूं।' सरला जी पेड़ के नीचे खड़ी होकर हम पर निगाह लगाए रहीं। मैं भी उन्हें बीच-बीच में नज़रअंदाज़ करता रहा। गिरीश आश्चर्य में डूबा था, 'यार यह कौन बला कहां से आ गई है?' मैंने संक्षेप में सब कुछ कह डाला।

'तुम तो बड़े उस्ताद निकले। अब क्या इरादा है? बस तो आज जा रही है।'

'मैं तो नहीं जा सकता। तुम वहां अभी किसी से कुछ नहीं कहना। तुम्हें ज़रा मुंह बंद रखना पड़ेगा। प्रॉमिस करो।' और मैंने गिरीश का हाथ पकड़ लिया।

'ठीक है तुम्हीं सबको बताना।' वह एक तरफ़ मुड़ गया। फिर बोला, 'यार कुछ तो कहना पड़ेगा ही। मैं कह दूंगा कि तुमको वहां बड़ा अच्छा लगा और तुम वहीं रुक गए।' मैं 'ठीक है,' कहकर सरला जी के पास आ गया। मैं कुछ झेंप रहा था। सोचा सरला जी से क्या कहूं, फिर मैंने हिम्मत करके कहा, 'असल में मैं इनके साथ दिल्ली से बस में आया था। हमारी बस थोड़ी ही देर में जाने वाली है।'

'तो आप भी जा रहे हैं?' सरला जी घबराकर बोलीं।

'नहीं मैं नहीं जाऊंगा।'

सरला जी की जान में जान आई। मैंने ही पूछा, 'अब आप बताइए कहां चलना चाहेंगी?

'आप मेरे घर चलिए।'

सरला जी ने टैक्सी बुलाई और मैं सरला जी के साथ उनके घर गया। उन्होंने अपने घर का ताला खोला। घर में घुसते ही वह गैलरी पार करके ड्राइंगरूम में ले गईं। वहां सामने की दीवार पर एक सज्जन की तस्वीर लगी थी। उस पर एक सूखी हुई गेंदे की माला लटकी थी। मैं उधर देखने लगा। सरला जी ने मुझे तस्वीर देखते हुए देखा। वह लपककर बढ़ी, वहीं स्टूल रखा था उस पर चढ़कर वह तस्वीर उतारने लगीं। स्टूल लुढ़काऊ था। वह लुढ़क गया और सरला जी स्टूल पर से चारों ख़ाने चित्त नीचे गिर पड़ीं। वह बड़े ज़ोर से चिल्लाईं। मैंने दौड़कर उनको सहारा दिया, 'आप तस्वीर उतारने के चक्कर में क्यों पड़ीं? सरला जी मेरा सहारा पाकर खड़ी हुईं पर उनका एक पैर लटक गया था। वह भयंकर दर्द से कराहीं। पास में एक कुरसी पड़ी थी। मेरा सहारा लेकर वह कुरसी पर बैठ गईं। कराहते हुए बोलीं, "ज़रा टेलीफ़ोन की डायरेक्टरी उठा दीजिए।" मैंने टेलीफ़ोन की डायरेक्टरी उठाकर उनको पकड़ा दी। उन्होंने पन्ने पलटे और एक डॉक्टर के टेलीफ़ोन का नंबर मुझे बताया। मैंने उसी नंबर पर फ़ोन किया और डॉक्टर को सरला जी के गिरने के बारे में बताया। थोड़ी देर बाद डॉक्टर अपना बैग आदि लेकर आ गए। हमने सरला जी को सहारा देकर पलंग पर लिटाया और डॉक्टर ने उनकी जांच की, 'लगता है इनकी हड्डी टूटी है।'

'क्या?' सरला जी घबड़ा गईं।

'तुरंत अस्पताल ले जाना पड़ेगा। मैं फ़ोन करके एंबुलेंस बुलाता हूं।'

डॉक्टर फ़ोन करके कुछ आश्चर्य से मेरी तरफ़ देखने लगे। वह सरला से परिचित थे।

सरला जी ने फ़ौरन कहा, 'डॉक्टर साहब यह हमारे हसबेंड मिस्टर आनन्द सिन्हा हैं।'

डॉक्टर की आंखों से आश्चर्य टपक रहा था। उसने मुझसे हाथ मिलाया और झिझकते हुए बोला, 'सिन्हा साहब आपका स्वागत है।'

डॉक्टर साहब को भास हो गया था। शायद वह सरला जी से पुनर्विवाह की आशा नहीं कर रहे थे।

हम तीनों चुप बैठे रहे।

थोड़ी देर में एंबुलेंस आ गई। डॉक्टर साहब उठकर बाहर गए और उनके साथ दो आदमी स्ट्रैचर लेकर आ गए, मैंने सहारा दिया, सरला जी को स्ट्रैचर पर लिटा दिया गया। उन्होंने मुझे घर बंद करने के लिए ताला-चाभी बतलाई। उनको स्ट्रैचर पर लिटाकर एंबुलेंस में चढ़ा दिया गया। मैं भी घर में ताला लगाकर आ गया। उनके साथ वैन में बैठ गया। डॉक्टर भी हमारे साथ थे। एंबुलेंस बड़ी तेज़ी से चल रही थी। थोड़ी देर बाद वह अस्पताल के सामने रुक ग्रई। उसके रुकते ही अस्पताल के कर्मचारी चटपट आ गए और सरला जी का स्ट्रैचर उठाकर अंदर चले गए। डॉक्टर और मैं भी उसके साथ पीछे-पीछे चल दिये। सरला जी को डॉक्टर एक कमरे में ले गए। मैं ठगा-सा खड़ा रहा। यही सोच रहा था कि कहां फंस गया। एक बार मन में आया कि भाग जाऊं पर भाग नहीं सका।

डॉक्टर साहब सरला जी का एक्सरे लेने के बाद बाहर आए। मैं लपककर उनकी तरफ़ बढ़ा।

'सिन्हा साहब! सरला जी की कूल्हे की हड्डी टूट गई है।'

'क्या?'

'हां उसका रिप्लेसमेंट होगा।'

मैं वहीं बाहर पड़ी कुरसी पर धम्म से बैठ गया। मेरे मुंह पर उड़ती हुई हवाइयां देखकर डॉक्टर ने मेरा हाथ पकड़ लिया, 'सिन्हा साहब! आप परेशान न हों। आपकी सरला जी बड़ी हिम्मत वाली हैं। कुछ ऐसा-वैसा नहीं होगा।' डॉक्टर की बात सुनकर मेरी खोई चेतना लौट आई। 'नहीं-नहीं मुझे कोई परेशानी नहीं है। आप तो साथ हैं।'

सरला जी को एक कमरा एलॉट हुआ था और वह उसमें ही भेज दी गईं। मैं भी उनके साथ उनके कमरे में गया। उनको चारपाई पर लिटाकर डॉक्टर ने उनके उसी पैर में एक ईंट बांध दी। वह ईंट नीचे लटकी रही। सरला जी चारपाई पर सीधे लेटी थीं। उनको करवट लेने की मनाही थी। कमरे में बार-बार एक नर्स आ रही थी, 'देखिए आपको बिलकुल सीधे लेटे रहना है जब तक ऑपरेशन नहीं होता।'

डॉक्टर और नर्स चले गए और हम दोनों कमरे में अकेले रह गए। बहुत देर चुप्पी रही फिर सरला जी ही बोली, 'नए जीवन की कैसी शुरुआत हुई? आप बिलकुल भूखे-प्यासे हैं। कैसा दिन रहा?'

मैं क्या बोलूं? मैं भी तो उसी उतार-चढ़ाव वाली नाव पर था। वह सीधा पैर किए लेटी थी। पैर से लटकी ईंट देखकर वह हँसकर बोली, 'आप भी क्या सोचते होंगे सिन्हा साहब, सिर मुंडाते ही ओले गिरे।'

मैं चुपचाप उनकी बातें सुन रहा था। दो घंटे पहले सपनों में खोया था और मन में क्या-क्या उछालें हो रही थी। अब कैसा फंसा? सरला जी ने अपने पर्स में से मोबाइल फ़ोन निकाला और अपनी लड़कियों को अपने गिरने की सूचना दे दी। मोबाइल बंद करके मेरी तरफ़ सिर करके बोलीं, 'आप भी तो भूखें होंगे। परेशानी अलग से लग गई। आप बाहर ज़रा चाय वगैरह पी आइए।'

चाहता तो मैं भी यही था, फिर भी मैंने कहा, 'नर्स को बुला दूं?'

'नहीं! आप चिन्ता न करें।'

मैं उठकर कमरे के बाहर गया। अनजान चेहरे, अनजान देश, अनजानी भाषा। कहां जाऊं? शुक्र था कि वहां के लोगों को हिंदी भाषा आती थी। सबसे पूछ-पूछकर मैंने चाय की दुकान ढूंढ़ ली और चाय पी ली। मैंने अपनी जेब टटोली। सरला जी के घर की चाभी मेरे पास थी। मेरा बड़ा बैग अभी भी आर्यसमाज के कमरे में पड़ा था। अब क्या करूं? सरला जी से कहूं या न कहूं। नहीं कहता हूं तो ठीक नहीं और छोड़कर चुपचाप जाता हूं वह भी ठीक नहीं। फिर सोच-समझकर मैं उनसे बिना कहे ही ऑटो लेकर आर्यसमाज चला गया। वहां से अपना बैग उठाया, ऑटो लेकर सरला जी के घर गया, वहां बैग छोड़ा और फिर से अस्पताल पहुंच गया। सरला जी के कमरे में घुसा तो उनकी दोनों लड़कियां वहां मौजूद थीं। मैं सकपकाकर एक तरफ़

खड़ा हो गया। सरला जी ने मेरी तरफ़ हाथ करके कहा, 'आप हैं आनन्द सिन्हा। इन्हीं के बारे में मैं अभी बता रही थी।'

मैंने हाथ जोड़कर ज़बर्दस्ती मुस्कुराकर उनका स्वागत किया और सरला जी के पास उनके पलंग पर बैठ गया। सरला जी की दोनों बेटियां मुझे ऐसे देख रही थीं कि जैसे अजायबघर में किसी नए जानवर को देख रही हों। मैं क्या बोलता? वह क्या बोलती? सरला जी भी अपनी आंखों पर बांह रखकर चुप पड़ीं थीं। स्थिति तो सरला जी को ही संभालनी थी। शायद वह भी विचारों में डूबी थीं। उनको बेहद दर्द हो रहा था। वह कराह उठीं और उनकी कराह ने मुझे बोलने का मौका दिया, 'सरला जी डॉक्टर को बुलाऊं?'

'हां आनन्द जी, दर्द सहा नहीं जा रहा है।'

'मुझे अच्छा मौका मिल गया। मैं जल्दी से बाहर गया और डॉक्टर को बुला लाया। डॉक्टर ने सरला जी को देखा सुना और उनको खिलाने के लिए मुझे एक गोली दी। 'अभी खिला दीजिए आराम आ जाएगा।'

मैं काग़ज़ में से गोली निकाल रहा था। सरला जी की एक लड़की उठकर गिलास में पानी ले आई। मैंने सरला जी को सहारा दिया और उनके हाथ में गोली पकड़ा दी। पानी के साथ सरला जी ने गोली खा ली।

मैं सरला जी के पलंग पर ही चुप बैठा था। मन में फिर आया कि मौक़ा अच्छा है भाग खड़ा होऊं, मुझे क्या लेना-देना, दो मिनट की मुलाक़ात है। पर मैं वहीं बैठा रहा। शायद सरला जी ने अपनी दोनों लड़कियों को समझा दिया था कि पति होने के नाते मैं ही उनकी सेवा के लिए काफ़ी हूं। वे दोनों चली गईं।

सरला जी की लड़कियों के जाने के बाद मैंने ही मौन तोड़ा।

'बहुत दर्द हो रहा है सरला जी?'

'हां, पर गोली खाने के बाद दर्द कुछ कम है' वह रुककर बोली। 'आप सोच रहे होंगे कि कहां फंस गए? देखिए अभी हमारी शादी का केवल ड्रामा ही हुआ है। आपके और मेरे बीच की ही बात है। अगर आपको...'

सरला जी मेरी तरफ़ देखकर बोलीं, 'देखिए! अगर आपको ज़रा भी पछतावा हो रहा हो, आप स्वतंत्र हैं। आप मुझे मेरी परिस्थितियों के साथ छोड़कर जा सकते हैं। हां अगर जाना है तो देर मत कीजिए। मैं सब संभाल लूंगी अभी तो कुछ भी नहीं बिगड़ा है।'

अब मैं क्या बोलूं। मैं चुप ही रहा। सरला जी ने सब कुछ फिर दोहराया। एक क्षण मेरा मन किया कि क्यों न सरला जी की बात मानकर भाग जाऊं पर अन्तर्रात्मा ने ज़बान पर ताला लगा दिया था और मन में मेरी सद्‌भावना ने साथ दिया। 'सरला जी ऐसे न कहिए। मैंने आपके साथ विवाह किया है। बंध गया हूं। आपको छोड़कर कभी नहीं जाऊंगा।'

सरला जी ने मेरा हाथ कसकर पकड़ लिया और फूट-फूटकर रोने लगी। मैंने भी उनके दोनों हाथ अपने हाथों में ले लिए और मैंने कह ही तो दिया, 'सरला जी अब आप मेरी हैं। आपकी समस्याएं भी मेरी हैं।'

सरला जी को ढाढ़स आया। मुझे भी अच्छा लगा। उनको सहारा देकर मन, सुख-सागर में डूब गया। मैंने भी सोचा, 'यदि कमला को ऐसा कुछ होता तो क्या मैं उसे छोड़कर भाग जाता? कभी नहीं।'

मुझे अपने आप पर भरोसा हुआ। चंचल मन शान्त हुआ। मैंने अपने को सुचित्त किया, सरला जी मेरी पत्नी हैं मुझे उनके लिए सब कुछ करना है।

उस रात मैं सरला जी के कमरे में ही बराबर वाले छोटे सोफ़े पर पैर समेटकर पड़ा रहा। देर में नींद आई। पर थका होने से घोड़े बेचकर सोया। सुबह ही सुबह नर्स ने आकर जगाया, मैं उठ बैठा। ऑपरेशन की तैयारियां होने लगीं। सरला जी ने मुझसे कहा, 'आनन्द जी! आप घर जाकर तैयार होकर आ जाइए।'

'डॉक्टर से पूछ लूं?'

'नहीं आप चले जाएं। अभी मीता और विभा भी आती होंगी।'

'वे लोग आ जाएं मैं तभी जाऊंगा।'

सरला जी को अच्छा लगा। मैं सरला जी की बेटियों के आने की राह देखता हुआ वहीं बैठा रहा। नर्स आई, उसने सरला जी का ब्लडप्रेशर आदि देखा। सरला जी का ऑपरेशन होने को था। उनको कुछ भी खाने को नहीं दिया गया। मीता और विभा, सरला जी की दोनों लड़कियां अपने-अपने पतियों के साथ आ गईं। मीता बड़ी थी उसने हमें सबसे मिलाया, 'आप हैं राजन मोदी, मेरे पति।'

'और यह हैं मेरे पति गोविन्द गंभीर,' सरला की छोटी लड़की विभा ने कहा।

'मैं हूं आनन्द सिन्हा।'

'अब सिन्हा अंकल! आप रात भर के जगे हैं, आप थोड़ा आराम कर लीजिए। तैयार हो जाइए। हम सब यहां हैं।'

मैं पसोपेश में पड़ा था कि सरला जी ने भी आंखें खोलकर कहा, 'आनन्द जी आप घर अकेले नहीं जाएंगे।' फिर वह विभा से बोली, 'विभा तुम आनन्द जी के साथ घर चली जाओ और इनको घर पर चाय-नाश्ता ठीक से करा देना।'

सरला जी की बात मुझे अंधे की लाठी-सी लगी। मैं विभा की तरफ़ देखने लगा। दो अपरिचित, अपरिचित परिस्थितियों में कैसे क्या करेंगे। विभा ने बड़ी नम्रता से मुझसे कहा, 'अंकल चलिए।' उसने अपने पति से कार की चाभी ली। मैंने सरला जी का हाथ पकड़कर उन्हें शुभकामना दी और विभा के पीछे हो लिया। मैं विभा के साथ उसकी कार में बैठा था। समझ में नहीं आ रहा था कि क्या बोलूं? उधर शायद विभा के मन में भी पसोपेश था। कौन कहां से बात शुरू करे? वही बोली, 'आप यहां टंकारा कब आए?'

'तीन दिन पहले।'

'दिल्ली में रहते हैं?'

'हां।'

'आपके साथ कौन-कौन रहता है?'

मुझे अपने परिवार के बारे में बताने का अच्छा मौक़ा मिल गया। मैंने अपने परिवार के बारे में बड़े जोश से एक-एक सदस्य के बारे में सब कुछ बताया। जब मैंने सर्वप्रिय के बारे में, बोलना शुरू किया तो बोलता ही गया। मैं भाव-विभोर था।। सब कुछ सुनाने के बाद जब मैं चुप हुआ तो विभा धीरे से बोली, 'सर्वप्रिय को देखने को मन करता है।'

मैंने अपनी जीभ दांतों से काट ली।

कार, सरला जी के घर के सामने रुकी। मैं भी उतरा। विभा ने चाभी से घर का ताला खोला। दरवाज़ा खुलते ही ड्राइंगरूम के सामने की दीवार के नीचे ज़मीन पर सरला जी के पति, विभा के पिता जी की उलटी तस्वीर

पड़ी थी। उसने मेरे बैग पर एक निगाह डाली। फिर बोली, 'चलिए आपको मां का बाथरूम दिखा दूं। मां को अपना घर अच्छा रखने का बड़ा शौक़ है।'

विभा मुझे सरला के कमरे में ले गई। उस कमरे से लगा बाथरूम दिखाया। उसने बत्ती जला दी। मैंने जेब से बैग की चाभी निकालकर अपने कपड़े, तौलिया, साबुन निकाला और गुसलखाने में चला गया। अंदर से दरवाज़ा बंद करके मन को बड़ा चैन आया। मन में आया कि कहां फंस गया? फिर सरला जी का ध्यान आया। सरला जी ने सचमुच अपना घर बहुत ही सुंदर सजाकर रखा था। एक-एक चीज़ बड़े करीने से रखी थी। बाथरूम में भी शीशे के चारों तरफ रूपहली पट्टी लगी थी। शीशे में मैंने अपनी शक्ल देखी। लगा जैसे पचास जूते खाए हुए हूं। मैंने आंखें हटा लीं। शीशे के नीचे रखी साबुनदानी चमचम चमक रही थी। टॉयलेट सीट पर कत्थई रंग की मखमल लगी थी। मैं साबुन लगाकर खूब मलमल कर नहाया। मुंह पर टैलकम पाउडर लगाकर सरला जी का परफ़्यूम भी लगाया। शीशे के सामने खड़ा होकर अपना चेहरा देखा, अच्छा लगा। मैंने सरला जी के कंघे से बाल संवारे और सचमुच अपने पर रीझ गया। नया जीवन, नया जोश सभी कुछ नया। जीवन में एक अनोखा परिवर्तन। उस नए परिवर्तन के लिए मैंने अपने को पूरा तैयार पाया। सज-संवरकर मैंने गुसलखाने का दरवाज़ा खोला। विभा, सरला जी का कमरा ठीक कर रही थी। उनकी सिंगार मेज़ का शीशा पोंछ रही थी। उसने मेरी तरफ़ देखा। 'अंकल, आप चाय पीजिएगा? रात में बहुत थक गए होंगे न?'

'नहीं थका तो नहीं। हां एक प्याला चाय... आप भी पीजिएगा न? जल्दी जाना है, सरला जी के ऑपरेशन से पहले पहुंचना है न।'

'जल्दी से चाय पीकर चलते हैं।'

विभा चौके में चाय बनाने चली गई। मैंने अपना मोबाइल फ़ोन बंद कर रखा था। मैंने उसे फिर से ऑन किया। उसमें बिलकुल पावर नहीं थी। मैंने जल्दी से उसका तार निकालकर बिजली के स्विच में लगाकर रख दिया और बाहर आ गया। विभा दो प्याले चाय लेकर आ गई। मेज़ पर हम दोनों आमने-सामने बैठे थे।

विभा ने इलायची डालकर कड़क चाय बनाई थी। मुझे चाय में इलायची ज़रा भी अच्छी नहीं लगी। पर मैं जैसे-तैसे पी गया और विभा की तारीफ़ भी कर दी।

विभा मुझे कार में लेकर अस्पताल आ गई। सरला जी हमारे पीछे ही ऑपरेशन के कमरे में पहुंचा दी गई थीं। हम सब उनके लौटने का इंतजार कर रहे थे। मैं चुप बैठा रहा। वह सब लोग गुजराती में बातें करते रहे। ढाई घंटे में ऑपरेशन खत्म हुआ। डॉक्टर ने मुझे बुलाया, 'आप सरला जी के पति हैं? आपको सरला जी ने अंदर बुलाया है। आप यह ओवरऑल पहन लीजिए और मेरे साथ आइए।' मैंने ओवरऑल पहन लिया और डॉक्टर के साथ हो लिया। सरला जी मुझे देखकर मुस्कराईं। मैंने उनका हाथ पकड़ लिया। उनका हाथ बेहद मुलायम था। तभी डॉक्टर ने कहा, 'सरला जी बड़ी बहादुर हैं। इन्होंने रिप्लेसमेंट का कटा हुआ कूल्हा रखने को कहा था। अरे, नर्स वह बोतल सिन्हा साहब को दे दो।' मैं आसमान से नीचे गिर पड़ा। एक बड़ी बोतल में स्प्रिट में कटा हुआ उनका कूल्हा पड़ा हुआ था। नर्स ने वह बोतल मुझे थमा दी। बोतल तो मैंने थाम ली पर मेरे हाथ कांप रहे थे। उधर डॉक्टर सरला जी से कह रहा था, 'मैंने आपके नए कूल्हे को बड़े नाप-नापकर, मिलीमीटर तक नापकर लगाया है।'

'कितने टांके हैं डॉक्टर साहब?' सरला जी ने पूछा।

'सिर्फ सत्ताइस।' डॉक्टर बड़ा वाचाल था वह अपनी ही कहे जा रहा था, 'सिन्हा साहब। कभी भी ज़रूरत पड़े तो बूढ़े सर्जन के पास नहीं जाएं। उनके हाथ कांपते हैं और दिमाग़ भी ज़रा बूढ़ा हो जाता है।' वह शैतानी से मुस्कुराया। 'देखिएगा आपकी सरला जी ज़रा भी नहीं लंगड़ाएंगी। अब इनको अभी आईसीयू इन्टेन्सिव केयर यूनिट में रखा जाएगा। शाम तक यह अपने कमरे में पहुंच जाएंगी। तब तक आप फ्री हैं।'

मैंने सरला जी की तरफ़ देखा। सरला जी ने भी मुझसे इशारे से जाने को कहा। मैं बाहर निकला। सरला जी का परिवार मेरा इंतज़ार कर रहा था। मेरे हाथ में कटे हुए कूल्हे की बोतल देखकर सबके सब चकित थे। विभा बोलीं, 'यह मां ने ही रखवाई होगी। अब वह सबको इसके दर्शन कराएंगी। बच्चों को कथा बताएंगी। लाइए अंकल बोतल मुझे दे दीजिए।' और उसने वह बोतल मुझसे ले ली। मैंने चैन की सांस ली। बोतल जब तक हाथ में लिए था मेरा दम घुटा जा रहा था।

सरला जी के कमरे में सब लोग गपशप करते रहे। मैं सबको पहचानने व समझने का यत्न करता रहा। विभा वाचाल थी। उसके पति गोविन्द गंभीर,

उससे ज़्यादा बोलने वाले थे। वह एक, तो दूसरा दो। किसी को बोलने ही नहीं देते थे। उधर सरला जी की बड़ी लड़की मीता भी काफ़ी बातूनी थी। उसके पति राजन और मैं चुपचाप उन तीनों की वार्ता सुनते रहे और सुन सुनकर मज़ा लेते रहे। दो घंटे बाद सरला जी स्ट्रैचर पर लाई गईं। जब वह कमरे में आईं हम सब खड़े हो गए। उनको, कमरे में पड़े ऊंचे पलंग पर लिटा दिया गया। मैं बैठा ही था कि मेरी जेब में मोबाइल बजने लगा। मोबाइल पर पुराने हिन्दी गाने की राग लगी थी, 'लाल दुपट्टा मलमल का।' सरला जी तो राग पहचान गईं, ज़ोर से हँसी। मैं झेंप गया। मैं मोबाइल लेकर कमरे के बाहर गया। फ़ोन पर रेनुका थी, 'पापा जी आप तो हद ही करते हैं। मोबाइल क्यों बंद करके रखते हैं। बताइए आप कहां हैं?'

'यहीं हूं।'

'यहां कब आ रहे हैं?'

'मैं बस वालों के साथ नहीं हूं। यहां टंकारा में ही अकेला हूं। हमारी बस चली गई।'

'अरे आप वहां क्या कर रहे हैं? बस वालों को छोड़ दिया?'

'हां रेनुका, वहां आकर सब कुछ बताऊंगा।'

'पर आप यहां कब आइएगा? आप वहां अकेले ही रुके हैं या आपके दोस्त गिरीश सक्सेना भी आपके साथ हैं?'

अब पकड़ा गया। मैं क्षणभर परेशान हुआ फिर संभल गया, 'गिरीश तो बस में चला गया।'

'यह तो बड़ी परेशानी की बात है। हमें तो आपकी बड़ी चिंता है। आपको पैसों की भी तो जरूरत होगी?'

'नहीं मेरे पास काफ़ी हैं। तुम लोग मेरी चिंता न करो। तुम सबको मेरा प्यार।' मैंने मोबाइल बंद किया और कमरे में आ गया।

पर रेनुका कहां मानने वाली है। उसका फ़ौरन दूसरी बार फ़ोन आया। मैं मोबाइल लेकर फिर बाहर चला गया।

'पापा जी आप कब लौट रहे हैं?'

'अभी कह नहीं सकता?'

'यह भी कोई बात हुई? आपको बताना पड़ेगा।'

'जल्दी ही लौटूंगा रेनुका।'

‘ठीक है।’

मैंने फ़ोन अपनी जेब में रख लिया। कमरे में घुसा तो सरला जी ने ही टोका, ‘घर से फ़ोन था?’

‘हां।’

‘पूछ रहे होंगे कि कब लौट रहे हैं?’

‘हां।’

‘तो आपने क्या कह दिया?’

‘अभी कह नहीं सकता।’

सरला जी को सब्र आया।

8

मीता घर से खाना लाई थी, 'आनन्द अंकल आप खाना खा लीजिए।'

उसने टिफ़िनकैरियर खोलकर मेरे सामने मेज़ पर रख दिया। सरला जी भी पीछे पड़ गई, 'आप जल्दी से खाना खा लीजिए। इन लोगों को देर हो रही हैं।' फिर वह उनकी तरफ़ मुंह करके बोली, 'अब तो आनन्द जी मेरे साथ हैं तुम लोग चिंता न करो। कोई बात होगी तो फ़ोन कर देंगे।'

मैं टिफ़िनकैरियर के डिब्बों में से खाना खा रहा था। हलक़ से नहीं उतर रहा था। हर चीज़ में नमकीन के साथ मीठा मिला हुआ था। कमला की इमली की चटनी में नमक और गुड़ ज़रूर पड़ता था पर इस गुजराती खाने में तो हर चीज़ में दोनों साथ-साथ। जैसे-तैसे मैंने खाना हलक़ से उतारा।

मीता ने पूछा, 'आनन्द जी। हमारा खाना आपको कैसा लगा?'

'बहुत अच्छा था।'

'हां जो गुजराती खाना खा लेता है वह हमेशा उसे याद रखता है।' सरला जी ने अपनी जोड़ दी।

मीता ने टिफ़िनकैरियर बंद कर दिया। अपनी मां को ढाढ़स देकर सरला जी की दोनों लड़कियां और दामाद चले गए।

उनके जाने के बाद सरला जी ने मुझसे कहा, 'आनन्द जी आप भी लेट जाइए। थके होंगे।'

मैं चुप रहा। सोचता रहा, मैं शादी के चक्कर में क्यों पड़ गया? बार-बार अपने से यही पूछ रहा था कि तभी बातूनी युवा सर्जन डॉक्टर मुटाटकर कमरे में आ गया।

'तो कहिए सिन्हा साहब कैसे हैं? आप मेरे डैडी से मिलते हैं। आप चिंता न करें। कल मैं आपकी मिसेज़ को खड़ा कर दूंगा।

'क्या कल?' मैं हक्का-बक्का था।

'हां मेरे हाथ में जादू है।' उसने सरला जी की तरफ़ देखा, 'बस आप दर्द शब्द ही भूल जाइए और फिर देखिए कमाल।'

सरला जी की जांच करके डॉक्टर मुटाटकर चला गया।

सरला जी ने तो सचमुच मुझे पूरी तरह से पति माना था। उन्होंने यह भी सोच लिया था कि उनके पति होने के नाते मैं पति का सारा कर्तव्य निभाऊंगा। पर मैं बड़े ही असमंजस में था। मन में प्रश्न पर प्रश्न उठ रहे थे और मैं सोच ही नहीं पा रहा था इस स्थिति से कैसे निकलूंगा।

जैसे-तैसे अस्पताल में ही रात काटी। अगले दिन सुबह ही सुबह डॉक्टर मुटाटकर आए और उन्होंने सरला जी को सचमुच उनके दोनों हाथ पकड़कर खड़ा कर दिया। 'देखा न सिन्हा साहब। आपकी श्रीमतीजी दौड़ेंगी।' फिर वह सरला जी की तरफ़ मुड़कर बोला। 'देखिए सरला जी! दर्द शब्द भूल जाइए। चटपट ठीक हो जाएंगी।' सरला जी भी बड़ी दम वाली थीं। वह उठकर ऐसे खड़ी हो गईं जैसे सब ठीक हो। मैं भी उन्हें देखकर दंग रह गया। डॉक्टर मुटाटकर के जाने के बाद सरला जी की छोटी लड़की विभा खाना लेकर आई। सरला जी के साथ मैंने भी खाना खा लिया। सरला जी विभा से गुजराती में बातें करती रहीं। मैं अस्तपाल में ऊब गया था। खाना खाने के बाद मौक़ा पाते ही मैंने कहा, 'विभा जी आ गई हैं, सरला जी मैं ज़रा घूमकर आता हूं।'

'हां-हां ज़रूर जाइए।'

मैं अस्पताल घूमने के बहाने से कमरे के बाहर आ गया। सबसे पहले मैंने गिरीश सक्सेना को फ़ोन लगाया, 'गिरीश अब मैं क्या करूं?'

'क्यों भई क्या हो गया?'

'मैं अस्पताल से बोल रहा हूं।'

'क्या, क्या हो गया? तुम्हारी शादी और नई बीवी? सब कहां है?'

'अरे मुसीबत में फंस गया हूं। उनके कूल्हे का फ्रैक्चर हो गया है।'

'माई गुडनेस।' और वह ज़ोर से हँसा, 'बतलाओ भाई मैं क्या करूं?'

'क्या बताऊं? जुम्मा-जुम्मा पाँच दिन तो शादी को हुए हैं। छोड़कर भाग आओ। संभालेंगे उसके रिश्तेदार। तुम अकेले हरफ़नमौला कहां चक्कर में पड़ गए? न लेना न देना।' गिरीश फिर हँसा।

'गिरीश! हँसो नहीं! सच बताओ मैं क्या करूं?'

'अब देखो जब तक तुम्हारी सरला जी अपने पैरों पर नहीं खड़ी हो जाती, तुम्हें वहां रुकना पड़ेगा। भलमनसाहत इसी में है। वहीं रहो। मस्ती काटो। अभी-अभी हमारी बस उदयपुर के लिए रवाना हो रही है। अच्छा भई नमस्ते।'

गिरीश से बात करके कुछ सुकून आया। मैं बाज़ार की तरफ़ चल दिया।

मैं सोच में पड़ा था कि सड़क पर बैठे हुए एक कुत्ते की पूंछ पर मेरा पैर पड़ गया और कुत्ते ने मेरे पैर में काट लिया। मैं बिलबिला गया। मेरे चारों तरफ़ भीड़ लग गई। कुत्ता तो भाग गया, पर अब क्या हो। खैर मैं अस्पताल के पास था फ़ौरन एक आदमी ने मुझे अपने स्कूटर पर बिठाया और अस्पताल ले गया। वह मुझे इमरजेंसी में पहुंचाकर चला गया। वहां मेरे इंजेक्शन लगा और पैर में पट्टी आदि बंधी। मैं लंगड़ाता-लंगड़ाता सरला जी के पास फिर उनके कमरे में पहुंचा।

सरला जी मुझे लंगड़ाता देखकर घबरा गई। 'क्या हुआ आनन्द जी?'

'कुत्ते ने काट लिया।'

'क्या? कैसे?'

सरला जी की लड़की विभा भी वहीं थी। वह आश्चर्य से मुझे देखने लगी। जैसे उसे मेरी बात पर भरोसा नहीं हो रहा हो। पर मैंने कुत्ते के काटने वाली बात विस्तार से बता दी।

थोड़ी देर बाद सरला जी ने अपनी लड़की से कहा, 'यहां आनन्द जी मेरे पास हैं। विभा तुम घर जाओ, वहां सब तुम्हारा इंतजार कर रहे होंगे।' विभा चली गई।

मुझे सरला जी पर बड़ा गुस्सा आया। सरला जी कुछ समझ गई।

'आनन्द जी आपको मैंने बड़ी परेशानी में डाल दिया। भगवान भी दयालु हैं। देखिए इस एक्सीडेंट से पहले आपसे शादी हो गई।' फिर सोचकर बोलीं,

'असल में पति-पत्नी का रिश्ता ज़बर्दस्त रिश्ता है, खूब समाज ने शादी बनाई है।' सरला समाज और विवाह की बातें कर रही थी और मैं मन ही मन जला-भुना-कटा जा रहा था।

'अब ऐसा है सरला जी! आप थक गई होंगी। आराम कर लें। मैं ज़रा घर फ़ोन कर लूं।' मैं मोबाइल लेकर बाहर चला गया और मैंने अपने घर फ़ोन लगा दिया। रेनुका ने फ़ोन उठाया, 'पापा जी! कैसे हैं? कब आ रहे हैं?'

'आऊंगा बेटी! ज़रा यहां मन लग गया। बच्चे कैसे हैं? सर्वप्रिय कैसा है?'

'सर्वप्रिय दादा जी को बहुत याद करता है। पूछता है, कब आएंगे दादा जी। लीजिए! आपका लाड़ला आ गया। इनसे बात कीजिए।'

'दादा जी नमस्ते। आप तब आ लहे हैं?'

सर्वप्रिय की तोतली बोली सुनकर मेरा मन उचाट होने लगा। लगा कि पंख होते तो मैं उसी समय उड़ जाता और उसे सीने से लगा लेता। उधर रेनुका सर्वप्रिय से मोबाइल छीन रही थी और वह उसे नहीं दे रहा था। जाने क्या-क्या बोले जा रहे था। आख़िर रेनुका ने उससे फ़ोन ले ही लिया, 'पापा जी सर्वप्रिय का नर्सरी स्कूल में नाम लिख गया। स्कूल से आते ही किसी न किसी की किताब-कॉपी उठाकर अपने स्कूल के बैग में रख लेता है। आप अपने आने की तारीख जल्दी से तय कर लीजिए।' रेनुका ने फ़ोन रख दिया। मैं बिना मन के कमरे में आ गया और सरला जी के पास उनके पलंग पर बैठ गया। मैं बाहर बात कर रहा था, शायद सरला जी सुन रहीं थीं। वह रूठ गईं थीं। मेरे पलंग पर बैठते ही उन्होंने अपनी आंखें बांह से ढंक ली और सिसकने लगीं।

'अरे सरला जी, क्या हुआ भई?'

'कुछ नहीं, कुछ नहीं।'

मैं चुप रहा। अब तो वह हूक मारकर रोईं।

रोना सुनकर मन में गुस्सा भी आया, पर अपने को संभाले रहा। 'बात बताइए न तभी तो मैं कुछ मदद करूं।'

अब तो सरला जी बिफर पड़ीं। आंखों पर से बांह हटाकर मेरी तरफ़ उन्होंने ऐसे देखा कि मैं तिलमिला गया। थोड़ी देर बाद सुचित्त हुआ,

मैंने उनका हाथ पकड़ने की कोशिश की। उन्होंने हाथ झटककर छुड़ा लिया। 'देखिए मैंने आपसे शादी की है। आप मेरे पति हैं। आप पर सबसे पहले मेरा अधिकार है। अगर सुख का जीवन बिताना है तो पिछली बातों को भूल जाइए। वह अध्याय बंद करना पड़ेगा।'

मैं सरला जी का मुंह देखने लगा। मैंने ऐसा क्या कर दिया? मैंने अपने परिवार से बात ही तो की। मैं घुटकर रह गया। मैंने उस समय बोलना ठीक नहीं समझा। दो मिनट चुप रहकर मैंने फिर पूछ ही लिया। 'सरला जी! आप मुझसे क्या आशा करती हैं?'

'आप मेरे पति हैं, पति होने का कर्तव्य निभाएं।'

'मैं क्या निभा नहीं रहा हूं?' मुझे भी ताव चढ़ गया। 'सरला जी आप ही सोचिए आप पत्नी होने का...'

सरला जी आपे से बाहर हो गईं। 'आपको सुझाई नहीं देता मैं कितनी मजबूर हूं।' और वह फिर से फूट पड़ी। उसी समय किसी ने बाहर का दरवाज़ा खटखटाया। मैंने दरवाज़ा खोला। डॉक्टर मुटाटकर गले में आला लटकाए हँसते हुए आ गए। 'कहिए सिन्हा साहब। आपकी सरला जी कैसी हैं?' कहते हुए कमरे में घुसे और सरला जी को देखते हुए पूछा, 'अरे सरला जी आपकी आंखें क्यों लाल हैं? सिन्हा साहब! इस वक्त सरला जी को प्रसन्न रखने का समय है। चलिए सरला जी, आज मैं आपको अपने पैरों पर चलना सिखाने आया हूं।' डॉक्टर ने सरला जी को पहले तो पकड़कर बिठा दिया। सरला जी ने पैर नीचे लटकाया और मैंने उनके पैरों में चप्पल पहना दी। सरला जी डॉक्टर का कन्धा पकड़कर खड़ी हो गई। डॉक्टर साहब बोले, 'जय गुरु महाराज, जय श्री गणेश। आप दाहिना पैर बढ़ाइए आपको सीढ़ियां चढ़नी हैं।' डॉक्टर के साथ फ़िजियोथिरेपिस्ट भी था। डॉक्टर मुटाटकर ने सरला जी को उसके सुपुर्द कर दिया और चलते-चलते सरला जी से कहा, 'देखिए दर्द का न सोचें बस यह हमारा थिरापिस्ट पटेल जैसा कहे वैसा ही करें।'

पटेल ने सरला जी को पकड़ लिया और सरला जी लंगड़ाकर चलने लगीं। मैं भी उनके पीछे-पीछे था। पटेल ने कहा, 'देखिए सीढ़ी से नीचे उतरना हो तो पहले बायां पैर नीचे रखिए।' सरला ने अपना बायां पैर नीचे रखा। वह वही पैर था, जिस कूल्हे में उसके फ्रैक्चर हुआ था। उसकी कराह निकल गई। पटेल ने कहा, अब आप अपना दाहिना पैर अगली सीढ़ी के नीचे रखें।

दोनों पैर साथ रखकर ठहरें। फिर सीढ़ी उतरें। हां चढ़ते वक्त दाहिना पैर ऊपर की सीढ़ी पर रखें और फिर बायां पैर। दोनों पैर जब साथ आ जाएं तब आगे चलें। यह अभ्यास रोज़ करें। अब आप पहले की तरह सीढ़ियों पर जल्दी नहीं चढ़ सकेंगी।'

मैं नीचे खड़ा था। पटेल ने सरला जी को दस सीढ़ियां चढ़वाकर दसों सीढ़ियां उतरवाई। डॉक्टर मुटाटकर कमर पर हाथ रखे अपनी विजय पर बेहद ख़ुश थे।

'देखा सिन्हा साहब! मैंने आपकी मिसेज़ को पांचवें दिन सीढ़ियां चढ़वा दीं। अब यह आज घर जा सकती हैं।'

'अरे आज?'

'हां आज। यहां तो लाइन लगी रहती है।'

सरला जी प्रसन्न नहीं थीं। वह अभी घर जाना टालना चाहती थीं, पर अस्पताल वालों को उनको घर भेजने की जल्दी थी। डॉक्टर साहब फिर कमरे में आए, वह चतुर थे, 'देखिए सिन्हा साहब, अस्पताल में इंफेक्शन लगने का डर रहता है इसीलिए अस्पताल में कम-से-कम समय रहना चाहिए।'

मैं सरला जी का मुंह देख रहा था। उन्हीं को निर्णय लेना था।

'ठीक है मैं घर जाऊंगी। अभी मीता और विभा को फ़ोन करे देती हूं।'

सरला जी पटेल के साथ अपने कमरे में लौट आईं। वह फ़ोन करने में लगी थीं। डॉक्टर मुटाटकर चले गये। मैं डॉक्टर के साथ चला गया। मैंने अस्पताल का बिल चुकाया। मेरे पास जितने रुपए थे, वह सब क़रीब-क़रीब खत्म हो चले थे। सरला जी से पैसे मांगने की हिम्मत नहीं पड़ी।

सरला जी की दोनों लड़कियां अपनी-अपनी कार लेकर आ गईं। सरला जी को पहियों वाली कुरसी पर बिठाकर विभा ने नर्स आदि को चुपके से लिफ़ाफ़े पकड़ा दिए और हम सब कारों पर बैठकर सरला जी के घर आ गए। सरला जी अपने घर आकर बहुत ख़ुश थीं। उनकी युवा नौकरानी कल्याणी ने दरवाज़ा खोला और हमारा स्वागत किया। वह सजी-सजाई सीधे पल्ले की साड़ी पहने, आरती की थाली लिए खड़ी थी। सरला जी बड़ी प्रसन्न हुईं। उसने थाली में दिया जलाकर सरला जी की आरती उतारी। सरला जी मेरा कंधा पकड़े थीं। मेरी भी आरती उतर गई। घर आकर सरला जी पलंग पर पड़ गईं। देखते-देखते सरला जी के घर में भीड़ जमा हो गई। उनके दोनों

दामाद, बच्चे और पास-पड़ोस वाले। सब एक-दूसरे को जानते थे। मैं सरला जी के कमरे के पास वाले कमरे में जाकर बैठ गया। मैं सोच रहा था कि अब मैं क्या करूं?, कि तब तक कल्याणी मेरे पास आ गई, 'बाबू आपको सरला बहन बुला रही हैं।'

मैं सरला जी के पास गया। सरला जी ने मुझे अपने और नज़दीक बुलाया और मेरे कान में बोलीं, 'यह चाभी लीजिए। अलमारी में से रुपए निकाल लीजिए। बड़े लाल पर्स में हैं।'

मैंने अलमारी का ताला खोला। अलमारी में एक बड़ा लाल पर्स था, उसमें कई छोटे-बड़े बटुए थे। सरला जी बोलीं, 'देखिए बड़े नीले बटुए में से पैसे निकाल लें।' बड़े नीले बटुए में तहे हुए बहुत सारे नोट थे। मैंने नोट निकाले। अलमारी बंद करके नोट सरला जी को थमा दिए। सरला जी ने सारे नोट गिनकर तकिए के नीचे रख लिए। मैंने अलमारी का ताला लगाकर सरला जी को चाभी थमा दी। सरला जी आंख बंद करके लेट गई। मैं सोच रहा था कि क्या करूं कि कल्याणी फिर हँसती हुई ट्रे में चाय के दो प्याले और नमकीन लेकर आ गई, 'लीजिए बाबू! सरला बहन उठिए, आप भी चाय पी लीजिए।'

मैं ट्रे में से चाय का प्याला उठाने जा रहा था कि कल्याणी ने मेरी तरफ़ देखकर ऐसी आंख मारी कि मैं ज़रा घबरा गया। मैंने प्याला नहीं उठाया। सरला जी की पीठ के पीछे तकिया लगाने के लिए मुड़ गया। मैंने उन्हें सहारा देकर बिठा दिया। कल्याणी ने उन्हें चाय का प्याला थमा दिया। फिर ट्रे में से दूसरा प्याला मुझे पकड़ाकर आंख बिचकाकर खड़ी हो गई। मैंने प्याला मुंह में लगाया। उसने पूछा, 'बाबू चीनी ठीक है कि और चाहिए?' चाय में ज़रूरत से ज़्यादा चीनी थी। मैं चुप रहा तभी सरला जी ने भी प्याला मुंह से लगाया, 'क्यों कल्याणी भई, चाय में चीनी डालना भूल गई?'

'अभी लाती हूं।' कल्याणी चली गई।

मेरी चाय में कल्याणी ने इतनी चीनी डाली थी कि एक घूंट पीते ही मुझे उबकाई आने लगी। मैं धर्मसंकट में पड़ गया। आखिर मैंने कह ही दिया, 'शायद कल्याणी ने आपके प्याले की भी चीनी मेरे प्याले में डाल दी।'

सरला जी चुप रहीं। तब तक कल्याणी चीनी और चम्मच लेकर आ गई। उसने ही सरला जी की चाय में एक चम्मच चीनी डाल दी। मैंने सरला

जी की तरफ़ देखा, वह किसी सोच में डूबी थीं। कल्याणी के जाने के बाद मैंने पूछा, 'सरला जी, कुछ परेशान-सी लग रही हैं। क्या मैं कुछ मदद करूं?'

'आनन्द जी आप क्या मदद करेंगे। अभी तो हम लोगों की जान-पहचान भी नहीं हुई है।' फिर धीरे से बोली, 'न मानसिक, न शारीरिक।'

सरला जी ठीक ही कह रही थीं, उनसे मेरी जान-पहचान पांच दिन की ही तो थी। मैंने तो उन्हें पत्नी रूप में जाना ही नहीं है। मेरे मन में उछाल होने लगी। सरला जी आंखें बंद करके लेटी हुई थीं। उनके कच्चे पक्के बाल, सांवला चेहरा, मुंह पर हल्की-हल्की चमक भी थी। लेटने पर उनकी साड़ी ज़रा ऊंची हो गई थी। मैं उनके गोरे पैर और पतली नाजुक-सी एड़ी देखता रहा। उनके पैर बड़े सुन्दर थे, पैरों की तराशी उंगलियों पर मेरा मन मचलने लगा। अपनी कुरसी पर बैठे ही बैठे मैंने हाथ बढ़ाया और उनके तलवे में गुदगुदी कर दी। सरला जी ने पैर समेट लिया। वह आंखें खोलकर मेरी तरफ़ ताकने लगीं। मैंने उनके पैर में फिर धीरे से गुदगुदी की। सरला जी भी मुसकरा दी। वह उठकर बैठ गईं। मनुहार करके बोली, 'मेरे पास आओ न।' मैंने दरवाज़े की तरफ़ देखा, कल्याणी की परछाईं दिखी।

सरला जी ने वहीं से पूछा, 'कल्याणी! तुम्हारा काम खत्म हो गया?'

'हां बहन! होने वाला है।'

'जाते समय बता देना बाबू दरवाज़ा बंद कर लेंगे।'

सरला जी ने मेरी तरफ़ देखा। उनके देखने में यातना थी, याचना थी और मनुहार थी। मैं उठकर बाथरूम में चला गया। मेरा हजामत का सामान वहीं रखा था। मैंने अपना चेहरा शीशे में देखा। दाढ़ी बढ़ी थी, हाथ से टटोला। दाढ़ी के बाल हथेली में गड़ गए। मैंने चटपट ब्रुश से चेहरे पर साबुन लगाया और अपनी दाढ़ी बनाने लगा। दाढ़ी बनाकर मुझे लगा कि जैसे मैं फिर से जीवित हो गया। मेरे चेहरे पर रौनक़ और आंखों में चमक लौट आई। हजामत के बाद मैंने अपने चेहरे पर क्रीम लगाई। दोनों हथेलियों से कोशिश की कि माथे की शिकन मिट जाए। वह नहीं मिटीं, और चमकने लगीं। मैंने फिर से चेहरा धो डाला। तौलिये से रगड़ा। मेरा चेहरा फिर से वैसा ही हो गया। जाने क्यों मैं अपने ऊपर हँस पड़ा। मन में उछाल थी, इसी आने वाले क्षण के लिए ही तो बिना आगा-पीछे सोचे कुएं में कूद पड़ा था।

तभी कल्याणी की आवाज़ आई, 'काम ख़त्म हो गया है। मैं जा रही हूं। बाबू दरवाज़ा बंद कर लो।'

साथ ही सरला की भी आवाज़ आई, 'आनन्द जी! कल्याणी चली गई। प्लीज़ दरवाज़ा बंद कर लीजिए।' बाथरूम से बाहर निकलने के पहले मैंने अपना महकता आफ़्टर शेव लोशन चेहरे पर तो लगाया ही और अपने कपड़ों पर भी छिड़क लिया। बाहर आने में ज़रा झिझका। फिर सरला जी की तरफ़ बिना देखे ही बाहर का दरवाज़ा बंद करने चला गया।

कल्याणी दरवाज़े के पास खड़ी होकर मेरा इंतज़ार कर रही थी। उसने मुझे देखा और बजाय बाहर जाने के एकाएक मेरे गले में झूल गई और मुझसे बुरी तरह चिपट गई। मैं इसके लिए तैयार नहीं था। मैंने उसे एक तरफ़ धक्का दे दिया। उसने मेरी तरफ़ बड़े उलाहने से देखा और चली गई। बाहर के दरवाज़े की चिटख़नी लगाकर मैं दो मिनट वहीं खड़ा रहा। सरला जी के पास जाने से पहले मैं सुचित्त होना चाहता था। उधर सरला जी भी शायद सांस रोककर मेरा इंतज़ार कर रही थीं। उन्होंने आवाज़ दी, 'क्या कल्याणी चली गई?'

'हां चली गई।' तभी मैंने देखा कि मेरी कमीज़ के बाएं कंधे पर कल्याणी की लाल बिंदी लगी है।

सरला जी ने फिर आवाज़ दी, 'अरे आप वहां क्या कर रहे हैं?'

'आ रहा हूं।' कमीज़ पर लगी कल्याणी की बिंदी मुझे परेशान कर रही थी। सरला जी के घर में एक दूसरा भी गुसलख़ाना था। मैं वहां चला गया। उसमें एक पाउडर का डिब्बा रखा था। मैंने कमीज़ पर खूब सारा पाउडर छिड़क लिया। शीशे में देखा बिंदी के ऊपर पाउडर चिपक गया था और अब वह उतनी नहीं नज़र आ रही थी।

इस बीच सरला जी ने भी अपने को संवार लिया था। जब मैं उनके कमरे में गया वह हाथ में अख़बार लिए बैठी थीं। मैंने उनके हाथ से अख़बार छीनकर एक तरफ़ रख दिया और उनको पलंग पर लिटाकर उनके पास लेट गया।

हम दोनों सब कुछ भूल चुके थे। बस मेरे साथ वह थीं और उनके साथ मैं। खेल-खेल में हम दोनों एक हो गए। सरला जी झेंप रहीं थीं मैं भी मन ही मन कुछ शरमा रहा था। मैंने अपने कपड़े ठीक किए। सरला जी अपने इधर-उधर हुए कपड़ों में बड़ी अच्छी लगीं। मैंने झुककर उन्हें प्यार कर लिया।

वह भी मेरे गले लग गईं। हम दोनों साथ-साथ हँसे और एक बार मैं उनके साथ फिर पलंग पर लेट गया। वह मेरी बांहों में थीं मैं उसके बाल संवार रहा था। तभी बाहर की घंटी बजी।

'कौन इस वक्त आया है? आनन्द जी, देखना पड़ेगा।' मैं उठ गया और गुनगुनाने लगा, 'बात कुछ बन ही गई।'

'अरे आप गाते भी हैं?'

तभी सरला जी की भी गाने की आवाज़ मुझे सुनाई दी, गिरजादेवी जी का दादरा गा रही थीं। 'संवरिया। प्यारा लागे री गुइंया।'

मैंने भी रुककर गाने की लाइन फिर से गुनगुना दी। 'बात कुछ बन ही गई।' कभी गाता था। अब फिर से गाने को मन करने लगा।

'कभी मैं भी गाती थी,' और सरला जी भी गाने लगीं।

सरला जी का सुर बड़ा ही सुंदर था। मैं मग्न था।

तभी दरवाज़ा खटखटाने की फिर से आवाज़ आई।

मैंने दरवाज़ा खोला। सामने कल्याणी खड़ी थी।

'मैं अपने घर की चाभी यहीं भूल गई थी।'

तभी मुझे सरला जी की आवाज़ सुनाई दी।

'कौन है आनन्द जी?'

'कल्याणी अपने घर की चाभी लेने आई है।'

कल्याणी चौके में से अपनी चाभी उठाकर चुपचाप चली गई। मैं भी दरवाज़ा बंद करके फिर से सरला जी के पास आ गया। सरला जी के इस मनमोहक रूप ने मेरा मन प्रसन्न कर दिया।

'सरला? नहीं नहीं सरला जी। मुझे तो बड़ी भूख लगी है। खाना-पीना ही भूल गया था। आपको भी भूख लगी होगी?' और मैं जल्दी से चौके में जाकर सरला जी और अपने लिए दो प्लेटों में खाना ले आया। आज मुझे सरला जी और सरला जी का घर बहुत भा रहा था। मैं उसी में रमा था कि खाते-खाते सरला जी ने अपने पति की बात छेड़ दी। 'अभिनव बड़े अभिमानी थे।'

'यह अभिनव कौन?'

'मेरे बच्चों के पिता, अभिनव मोदी।'

'ओह!'

सरला जी ने मेरी 'ओह' नहीं सुनी। वह अपनी ही कहती रहीं। जितना वह बोलतीं, उतना ही मैं ऊबा जा रहा था। आखिर मुझसे रहा नहीं गया, 'सुनिए सरला जी, आपने कमला के बारे में नहीं पूछा।' सरला जी ने अपने को संभाला, 'कमला जी कैसी थीं?'

'देखेंगी?'

'हां।'

मैं उठकर गया, अपना पर्स उठा लाया और सरला जी को पकड़ा दिया। सरला जी ने पर्स खोला, कमला का फ़ोटो बहुत देर तक देखती रहीं। मैं उनके चेहरे पर अचानक आई सख्ती देख रहा था। ज़रा देर पहले की सरला जी का रंग ही बदल गया था।

'अब आपका क्या प्रोग्राम है?' सरला जी ने मुझे मेरा पर्स लौटाते हुए पूछा।

'नहीं जानता।'

'घरवालों को पता है?'

'नहीं।'

'उनको बता दीजिए। अब आप मुझे यहां छोड़कर नहीं जा सकते।'

'यह कैसे हो सकता है?'

'क्या? आप मेरे पति हैं। हमारी शादी हुई है।'

'वह तो ठीक है पर वहां भी मेरे बहुत काम अधूरे पड़े हैं। उनको भी तो करना है।'

'सबसे पहले आप अपने लड़कों को हमारी शादी की बात तो बता दीजिए।'

'वह क्या सोचेंगे?'

'सोचेंगे क्या? सच तो कभी न कभी सामने आएगा ही। आप कब तक सबको झुठलाएंगे।'

'वही तो समझ में नहीं आ रहा है।'

'आप अभी उन्हें फ़ोन कीजिए। वहां का नंबर दीजिए मैं मोबाइल पर लगाती हूं।'

अब तो मैं बड़े असमंजस में पड़ गया। सरला जी मेरे पीछे हाथ धोकर पड़ीं थीं। मैंने रेनुका के मोबाइल का नंबर बताया। सरला जी ने रेनुका का

नंबर डायल कर दिया। मैं सरला जी से सटकर बैठ गया। दिल ज़ोर से धड़क रहा था।

'नमस्ते, आप कौन बोल रही हैं?'

सरला जी ने मुझे मोबाइल पकड़ाना चाहा, मैंने इशारे से मना कर दिया और उन्हीं से इशारे से कहा कि वही निपटें।

'मैं सरला सिन्हा।'

'सरला सिन्हा? कहां से बोल रही हैं?'

'टंकारा से।'

'आपने क्या नाम बताया?'

'सरला सिन्हा। मैं आनन्द सिन्हा की पत्नी हूं।'

'क्या बक रही हैं?'

'मैं ठीक कह रही हूं। आनन्द सिन्हा से मेरा विवाह हुआ है?'

'और आनन्द सिन्हा कहां हैं?'

'आनन्द जी! मेरे पास बैठे हैं। लीजिए, रेनुका से बात कीजिए।' और सरला जी ने मुझे मोबाइल पकड़ा दिया। मैं मोबाइल लेकर कमरे के बाहर चला गया। मैंने अपने को जैसे-तैसे संभालकर कहा, 'रेनुका बेटी।'

'पापा जी! यह सरला सिन्हा कौन बला है?'

'हां रेनुका मैंने फिर से शादी कर ली।'

'क्या? क्या?'

'सच मैंने शादी कर ली।'

'अरे! अब क्या करेंगे? यहां नहीं लौटेंगे?'

'समझ नहीं पा रहा हूं।'

'पापा जी मुझे नहीं पता था कि आप इस हद तक पहुंच जाएंगे। आप यहीं, सब सोच-विचारकर ही टंकारा गए थे। आपसे ऐसी उम्मीद नहीं थी। यहां लौटिए और अपने सर्वप्रिय को संभालिए।' रेनुका ने मोबाइल बंद कर दिया। मैं कमरे में लौट आया और सरला जी का मोबाइल उन्हें थमा दिया।

'रेनुका क्या बोली?'

'बड़ी गुस्सा हो गई।'

सरला जी खीखी करके हँसने लगी। मैंने उनकी तरफ़ देखा। मुझे ऐसा लगा कि उनकी खीखी हँसी जैसे मुझे अंगूठा-सा दिखा रही है। उनके मुंह

पर गर्व का भाव था। मैं सह नहीं पाया। क्या करूं? मेरी ही तो बनाई समस्या है। कैसे हल निकालूं।

'सरला जी, मैं बाहर जा रहा हूं।'

'नहीं, आप अभी नहीं जाएंगे। मुझसे बात कीजिए। हम दोनों मिलकर आपकी समस्या का हल निकालेंगे। अब आपकी समस्या मेरी भी तो समस्या है।'

सरला जी की बात सुनकर मैं और पसोपेश में पड़ गया था। अब मैं त्रिशंकु की तरह दिल्ली और टंकारा के बीच में लटक रहा था। भगवान अब क्या कराएंगे? वहां दिल्ली में क्या होगा, सोचकर मन घबराने लगा। बस मैं उठकर खड़ा हो गया, 'सरला जी मैं बाज़ार तक जा रहा हूं। बाहर से ताला लगा दूं?'

'ताला मत लगाइए। दो मिनट रुककर जाइए मैं विभा को बुलाए लेती हूं।' उसने विभा को फ़ोन लगाया। वह बाज़ार में थी। कुछ घर का सामान लेने गई थी। वह बोली, 'अभी आ रही हूं।'

थोड़ी देर बाद विभा आ गई और मैं वहां से बाहर निकल गया। बाज़ार में किताबों की दुकान दिखाई दी। वहीं रुककर किताबें देखने लगा। दुकानदार ने मुझे ध्यान से देखा और एक किताब हाथ में लेकर बोला, 'बन्धु, यह किताब आपने पढ़ी है? सबसे ज़्यादा बिकती है। आप हिंदी पढ़ लेते हैं?'

'हां, भई!'

उसने नारायण स्वामी कृत 'कर्तव्यदर्पण' निकालकर दिखाई और बोलता गया 'देखिए न! इसका छोटा साइज़ है। इसे पॉकेट में भी रख सकते हैं।' मैंने पुस्तक लेकर पन्ने उलटे, उसके प्राक्कथन का अंत पढ़ा, 'पुस्तक वास्तव में प्रत्येक के लिए बड़ी ही काम की है और इसलिए यह आशा की जाती है कि अधिक से अधिक लाभ उठाया जाएगा।

नारायण स्वामी'

मैंने 'कर्तव्यदर्पण' पुस्तक खरीद ली। छोटी-सी थी। वहीं खड़े होकर पुस्तक के पन्ने पलट रहा था कि उसका एक पन्ना खुल गया, 'ब्रह्मचर्य पर विशेष ध्यान क्यों देना चाहिए?' मैं पढ़ने लगा। दूसरा पन्ना 'ब्रह्मचर्य क्या है? उसके साथ तथा बाधक हेतु।' मैं उसे और भी ध्यान से पढ़ने लगा-'अधोगति होने के दो कारण होते हैं-1. दुष्ट भोजन 2. विचार भ्रष्टता। उसके आगे का

विचार पढ़कर तो मुझे बड़ी हँसी आई, 'श्रृंगार रस के ग्रंथ नहीं पढ़ने चाहिए, न थिएटर आदि में जाना चाहिए, जहां अश्लील बातें किसी न किसी रूप में प्रकट करके नवयुवक और नवयुवतियों के हृदयों को खराब करने का उद्योग होता है।'

मैं सोचने लगा 'अश्लील बातें?' क्या अजीब-सी बात। पति-पत्नी के साथ अकेले कमरे में समय बिताना पवित्र, और बाहर वही देखना अश्लील? और संभोग करते हुए बंदरों को देखना क्या कहा जाएगा? मैंने आगे का पन्ना पलटा।

उसके बाद का अध्याय 'ब्रह्मचर्य का साधन स्वाध्याय के सिवाय 'तप' है।'

और अध्याय शुरू होता है, 'तप कठोरता को सहन करने और आरामतलबी को दूर करने का नाम है। भूमि या तख्त पर गुदगुदा बिस्तर बिछाकर सोना, सरदी, गरमी का सहना, प्रत्येक कार्य के लिए समय विभाग बनाकर उसके अनुसार चलना, मन को शुद्ध रखना, इन्द्रियों के वश में न होकर उनका संयम आदि करना आदि तप कहलाता है। मनुष्य जितनी अधिकता से कष्टों को सहन किया करता है, उतनी ही उसके भीतर साहस की वृद्धि होती है और उसमें वीरता आती है। इसके विपरीत आरामतलब बनकर मनुष्य पस्तहिम्मत और कायर बन जाता है।'

नारायण स्वामी जी की व्याख्या पढ़कर कुछ अच्छा नहीं लगा। यदि ब्रह्मचर्य का इसी तरह से पालन किया जाए तो दुनिया का क्या होगा? नई पुश्त कैसे आएगी? और अगर सब सिनेमा, थिएटर, श्रृंगार रस के ग्रंथ छपने बंद हो जाएं तब संसार का क्या होगा? एक नीरस संसार। सब पगलाए घूमेंगे। यह कैसे संभव है? मेरे सामने कई प्रश्न उभर के आ गए। एक तो किसी स्थान पर यह नहीं लिखा था कि मेरी परिस्थिति में पड़ा मनुष्य क्या करे? और सेक्स को महत्त्व क्यों न दें? ठीक-ठीक व्याख्या क्यों नहीं लिखी गई? और दूसरा प्रश्न, यदि कोई इसमें से गुज़र चुका है, परिस्थितियों से लाचार-सा, उसकी समस्या का हल? एक अनसुलझी गुत्थी सामने आ गई। बहुत सोचता रहा, सोचता रहा, एक के बाद एक अपने पुराने विचार दिमाग़ में कौंधने लगे। अब क्या करूं? कि एकदम से जैसे दिमाग में प्रकाश-सा आया और मन में एक शब्द आया 'प्रायश्चित'। प्रायश्चित करना ही मेरी समस्याओं का हल

है। अब इस हद तक पहुंचने पर प्रायश्चित कैसे कर सकता हूं? मैंने कर्तव्यदर्पण वहीं बेंच पर छोड़ दी और सरला जी के घर लौट आया। घर का दरवाज़ा खुला था और कल्याणी चौके में थी। मैं सरला जी के कमरे में गया। सरला जी घबराई बैठी थीं। उनका चेहरा सफ़ेद था। मेरी ही चिंता कर रही थीं।

'आनन्द जी! मैं सोच रही थी कि आप कहां चले गए? कहीं...'

'दिल्ली तो नहीं चला गया?' मैंने सरला जी का वाक्य पूरा किया, 'सरला जी आगे कुछ भी करूंगा आपसे पूछ कर ही करूंगा।'

'मुझे विश्वास है। आप बहुत परेशानी में पड़े हैं, मैं सोच सकती हूं।' सरला जी दो मिनट चुप रहकर फिर कहने लगीं, 'अब दिल्ली छोड़ने में आपकी क्या समस्या है? आपके बच्चे तो बड़े हो गए।'

'एकाएक छोड़कर आया था। वहां का भी तो इंतज़ाम करके आना था।'

'और अगर आपको एकदम से दिल का दौरा पड़ जाता, तब क्या होता।'

सरला जी की इस बात ने मुझे झकझोरकर रख दिया। 'यह कैसी बात उठाई?' मैं खिसियाकर कमरे के बाहर चला गया। तभी कल्याणी अपना काम खत्म करके जाने को खड़ी थी। आंख बिचकाकर धीरे से बोली, 'बाबू, बहन जी से?' उसने दोनों हाथ की उंगलियां एक पर एक उंगली चढ़ाकर आंखें मिचमिचाई और मेरी तरफ़ झुककर धीरे से बोली, 'कहीं?'

मैंने उससे ज़ोर से पूछा, 'तुम अभी जा रही हो न?'

'हां हां जाती हूं। जल्दी क्या है?' कल्याणी इतराती हुई घर के बाहर निकल गई। उसके जाने के बाद सरला जी की कही गई 'कटु बात' फिर से सोचकर मन खिन्न हो गया। बस मैंने उसी समय इरादा बना लिया कि अब मुझे यहां नहीं रहना है, यही मेरा प्रायश्चित है। मैं लौटकर सरला जी के कमरे में आया, 'सरला जी! मैं बाहर टहलकर आता हूं।'

सरला जी समझ गईं, मैं खुश नहीं हूं। वह बहुत मीठी बोली में बोलीं, 'आनन्द जी आप भी गाते हैं, मैं भी गाती हूं। चलिए हम लोग साथ-साथ एक गाना गाते हैं। आपको कोई पुराना सिनेमा का हिंदी गाना आता है?'

मैंने सरला जी की तरफ़ देखकर कह दिया, 'नहीं। मैं अभी बाहर टहलकर आता हूं।' मैं दरवाज़ा उड़काकर बाहर निकल गया। अपना पर्स देखा, हिसाब लगाया, टिकट के पैसे तो बहुत ही कम थे। टिकट कैसे लूं? सरला जी से ही पैसे ले सकता हूं। सोचकर थोड़ा गुस्सा कम हुआ तो घर लौटा। सरला

जी परेशान थीं। ड्राइंगरूम में ऊंची कुरसी पर बैठीं थीं। मुझे देखकर संभलकर बोलीं, 'माफ़ करना आनन्द जी बहुत कड़ी बात कह गई। सच तो कड़ुआ होता ही है।'

मुझे ताव आ गया, मैंने भी खुलकर कह दिया, 'देखिए सरला जी! ठीक है मैंने आपसे शादी की है। पर दिल्ली में मेरे सारे काम अधूरे हैं। मुझे दिल्ली जाना ही पड़ेगा। अभी तो मैं ज़िन्दा हूं।'

'जो भी करिएगा सोच-विचार कर करिएगा। मुझसे छिपाकर मत करिएगा।'

'हां। सबसे पहले तो यह देखिए मेरा पर्स।' मैंने सरला जी के सामने अपना पर्स उलटा करके झाड़ दिया। पर्स में से दो रुपए के सिक्के और दो अट्ठनियां गिर पड़ीं। दो पचास रुपए के नोट मैंने उनके सामने निकालकर रख दिए।

'अरे आपके पास तो पैसे ही नहीं हैं। शायद यहां खर्च हो गए?'

'हां इस समय मैं पैसे-पैसे से लाचार हूं।'

सरला जी ने अपनी कमर में लगी चाभी मुझे दी, 'आप मेरी अलमारी में से पैसे निकाल लें। जाने क्यों पैसों की बात मेरे ध्यान से उतर गई। असल में इतने दिन अकेले रही न...' सरला जी मुझे समझाने लगीं।

मैंने लपककर चाभी का गुच्छा उठा लिया और अलमारी खोलकर रुपए ले आया और सरला के सामने रख दिये, 'गिन लीजिए।'

'नहीं मुझे आप पर विश्वास है।'

इस विश्वास शब्द ने मुझे फिर डगमगा दिया। मैं सरला जी को धोखा नहीं दे सकता। पर कैसे क्या करूं। कहीं कोई उपाय नहीं सूझ रहा था। न किसी से बात कर सकता था न सोच ही पा रहा था। सरला जी लंगड़ा-लंगड़ाकर ड्राइंगरूम में चली गईं। मैं उठकर उनके साथ उसी ड्राइंगरूम में रखी अलमारी में सजी हुई किताबें देखने लगा। सामने बड़ी-बड़ी एन्साइक्लोपीडिया व बेस्ट सेलर्स (सबसे अधिक बिकने वाले) अंग्रेज़ी के उपन्यास रखे थे। एक किनारे पर ज़रा आगे को रखी हुई एक पुरानी किताब रखी थी। मैंने लपककर वह किताब उठा ली। वह 'संस्कार विधि' थी। मैंने उसे उठाकर उसके पन्ने पलटे और उसमें संन्यास प्रकरणम् मिल गया। मैं उसे लेकर वहीं सोफ़े पर बैठ गया। मैंने संन्यास का अध्याय पढ़ डाला।

संन्यास जानने के लिए यह भी पढ़ा, 'मनुष्यों को उचित है कि ब्रह्मचर्याश्रम की समाप्ति करके गृहस्थ होवें, गृहस्थ होके वनी, अर्थात् वानप्रस्थ होवें, और वानप्रस्थ होके संन्यास ग्रहण करें।

संन्यास संस्कार उसको कहते हैं जो मोहादि आवरण छोड़कर विरक्त होकर सब पृथ्वी में परोपकारार्थ विचरे।' और उसमें आगे लिखा था, 'जिस दिन दृढ़ वैराग्य प्राप्त होवे उसी दिन चाहे वानप्रस्थ का समय पूरा भी न हुआ हो अथवा वानप्रस्थ आश्रम का अनुष्ठान न करके गृहाश्रम से ही संन्यास ग्रहण करें, क्योंकि संन्यास में दृढ़ वैराग्य और यथार्थ ज्ञान का होना ही मुख्य कारण है।'

इस व्याख्या का वाक्य मेरे मन में रह गया। 'चाहे वानप्रस्थ का समय पूरा भी न हुआ हो-अथवा वानप्रस्थ आश्रम का अनुष्ठान न करके गृहाश्रम से ही संन्यास ग्रहण कर लेवें।'

बिलकुल ठीक, बिलकुल ठीक। मैंने गृहस्थाश्रम हर तरह से निभाया था। एक बार नहीं दो बार। यह संन्यास ही मेरी सारी विपदाओं का हल है। अब संन्यासी बनकर ही मुक्ति पाऊंगा। सरला जी की संस्कार विधि मैंने उनकी अलमारी में उसी जगह रख दी और सोफ़े पर बैठा रहा। जब कल्याणी घर में आई, मैं सरला जी से बाहर जाने का कहकर रेलवे स्टेशन जाकर दिल्ली जाने का टिकट ले आया।

मन में विचार आया, मैं पुरुष, नारी पर आधिपत्य रखने वाला। सरला जी मेरी पत्नी हैं, मेरी जो भी इच्छा है, वह करूंगा और ढोल पीट पीटकर करूंगा। मैं सोचने के लिए स्वतंत्र हूं, पुरुष हूं, कर्त्ता हूं और जो भी मुझे करना है निर्भय होकर करना है। सच बोलकर करना है। 'अहं ब्रह्मास्मि' (मैं ब्रह्म हूं)। मन में ऐसी भावना जगी तो मेरा मन भी प्रसन्न हो गया। मैंने घर आकर अपना निर्णय सरला जी को कह सुनाया। वह अचकचा कर पलंग पर बैठ गईं, 'क्या कहा, संन्यास लेंगे? फिर शादी का स्वांग क्यों रचाया?'

मैं चुप रहा।

'देखिए मैं आपसे ही पूछ रही हूं।'

मैंने लंबी सांस ली, 'सरला जी मुझे दिल्ली जाकर अपने काम निपटाने हैं।' मैंने अपना टिकट उनके सामने रख दिया। सरला जी अपने पलंग पर औंधे मुंह पड़ गईं। फूट-फूटकर रोने लगीं। मैंने सुनी-अनसुनी कर दी। मैं उठा और अपना सामान समेटने लगा।

तभी सरला जी अपने पलंग पर से उठीं। लंगड़ाती हुई मेरी तरफ़ बढ़ीं, और मेरे सामने आकर खड़ी हो गईं और उन्होंने मेरे मुंह पर एक करारा तमाचा जमा दिया। उनका तमाचा पड़ते ही मेरा सिर झन्ना गया। मेरी आंखों के सामने अंधेरा छा गया। मैं संभल भी न पाया था कि दूसरे गाल पर एक और तमाचा पड़ा। सरला जी ने जी भर कर मेरे दोनों गालों पर दो, तीन, चार, पांच तमाचे जड़ दिए।

मेरे सारे संस्कार हवा हो गए। मैंने तय कर लिया, अब मुझे सरला जी के साथ नहीं रहना है। इधर-उधर बिखरा सामान मैंने अपने बैग में डाला और सरला जी की तरफ़ बिना देखे बैग उठाकर उनके घर से बाहर निकलने लगा। निकलते समय मुझे सरला जी की तेज़ तुर्राक आवाज़ सुनाई दी, 'कल्याणी दरवाज़ा बंद कर दो।' मेरे बाहर निकलते ही कल्याणी ने फटाक से दरवाज़ा बंद कर लिया। मैं सीधे स्टेशन गया। तीन दिन की लंबी यात्रा के बाद मैं दिल्ली पहुंच गया। रेल दिन के ग्यारह बजे दिल्ली पहुंची थी। स्टेशन पर उतरा। मैंने लंबी सांस ली। दिल्ली की हवा बड़ी सुखकर थी।

9

मैं ऑटो लेकर जब घर पहुंचा, दिन के साढ़े बारह बजे थे। मैं अपने घर के दरवाज़े पर खड़ा था, पर दरवाज़ा खटखटाने की हिम्मत नहीं जुटा पा रहा था कि तभी एक डाकिया आ गया, 'अरे साहब, एक बैरंग चिट्ठी है आप ही ले लीजिए।'

अब डाकिए से क्या कहता, 'मैंने पैसे देकर चिट्ठी ले ली।' डाकिया चला गया और मैंने घर की घंटी बजाई।

'कौन है?' गीता की आवाज़ आई।

'मैं हूं।'

गीता ने दरवाज़ा खोला, 'अरे पापा जी! रेनुका, रेनुका, पापा जी लौट आए।' और रेनुका भी भागती हुई आ गई। गीता और रेनुका ने पैर छुए। रेनुका ने शरारत भरी आंखों से मुझे देखा। मैं ज़रा झेंप गया।

'हां मैं लौट आया अपने घर।'

'और पापा जी वह सरला सिन्हा?'

'अब कोई सरला, वरला नहीं है। मैं अकेला हूं और तुम्हारा पापा ही हूं।'

'पर पापा जी यह सब हुआ कैसे?' गीता सब जानने के लिए बेचैन थी।

'भई एक मालगाड़ी के डिब्बे में ग़लती से चढ़ गया था। अब उतरकर आ गया।'

'वाह रे हमारे पापा जी!' रेनुका ज़ोर से हँसी। गीता भी उसके साथ हँसने लगी, 'पर पापा जी। अब तो वहां नहीं जाइएगा?'

'नहीं।'

गीता और रेनुका ने चैन की सांस ली। रेनुका ने मेरा बैग उठाकर अपने फ़्लैट में जाकर एक तरफ़ रख दिया। मैं अपना तौलिया, कपड़े लेकर नहाने चला गया। गुसलखाना बंद करके पहले मैंने शीशे के सामने खड़े होकर अपने चेहरे पर नज़र डाली। चेहरे के दोनों तरफ़ सरला की उंगलियों के लाल-लाल दाग़ साफ़ चमक रहे थे। मैं आंखें फाड़-फाड़कर उन दाग़ों को देख रहा था। क्या करूं जो दाग़ मिट जाएं। कोई क्या समझेगा? मैंने लाख कोशिशें कर डाली पर दोनों गालों पर पड़े दाग़ और भी लाल हो गए थे। चेहरे पर क्रीम लगाकर मैं बाहर निकला। रेनुका बाहर खड़ी थी। उसने मुझे देखते ही पूछा, 'अरे पापा जी!' आपके गालों में क्या हो गया? दोनों गाल लाल हो रहे हैं। अभी डॉक्टर के पास चलिए। इतने में गीता भी आ गई।

'दीदी! देखो तो क्या हो गया पापा जी के गालों में?'

'क्या चिकन पॉक्स निकल रही है?'

'दोनों गालों में हैं।'

मैंने बात बदलते हुए कहा, 'ठीक हो जाएगा। आप लोग परेशान नहीं होइए। कोई बाम वाम हो तो दे दो।'

रेनुका दौड़कर मलहम का ट्यूब ले आई और मैंने ट्यूब खोलकर गालों में लगा दिया। मलहम ने मन में पड़ा हुआ दाग़ और लाल कर दिया। नकारात्मक विचारों ने मेरा मन कुरेदकर रख दिया। मैं आत्मग्लानि के सागर में डुबकियां लगाने लगा और अपने से तरह-तरह के प्रश्न करने लगा। क्योंकर मैं इस तरह से भटक गया? पहले मनाली में, फिर झटका मिला टंकारा में? सोच-सोचकर मन बहुत खीज गया। न मैं किसी से कुछ कह ही सकता हूं और न सुन ही सकता हूं। मैं अख़बार लेकर बैठ गया। थोड़ी देर बात गीता ने आवाज़ लगाई।

'पापा जी खाना खाने आइए।'

'तुम लोगों ने खाया?'

'बच्चे स्कूल से आ जाएंगे तभी खाएंगे। आपको देर हो जाएगी।'

'नहीं मैं भी बच्चों के साथ खाऊंगा।' मैंने घड़ी देखी अभी तो बच्चों

के आने में टाइम है, मैं ज़रा घूमकर आता हूं।' बिना तह किया अख़बार वहीं स्टूल पर छोड़कर मैं बाहर निकल गया। पास की दुकान के पास पहुंचा ही था कि जानी-पहचानी आवाज़ सुनाई दी, 'आनन्द साहब! आप यहां कहां? और आपकी नव वधू भी आई है?' मैंने मुड़कर देखा गिरीश मेरी तरफ़ बढ़ा चला आ रहा था। रेशमी कुर्ते, पायजामे में बिखरे बाल। 'और तुम कैसे हो गिरीश?'

'मेरी न पूछो। वही 'काली कमरी वाली' सुधा मेरे साथ। न सावन सूखा न भादौ हरा। बोल न मेरे दोस्त, सरला-पति। दिल फेंक यहां कैसे?'

मैं क्या कहूं क्या बताऊं? जितना मैं टालने की कोशिश कर रहा था गिरीश मेरे पीछे हाथ धोकर पड़ा था।

'यहां लाए हो उन्हें?'

'नहीं।'

'वह कहां है?'

'लंबी कहानी है। कभी बताऊंगा।'

'कब तक रहोगे यहां?'

'नहीं जानता।'

'तुमने तो भूल-भुलैया में डाल दिया। भई ऐसा भी क्या है। मैं तुमसे आज सब कुछ सुनकर ही रहूंगा। अच्छा पहले बताओ यहां आए कब?'

'आज ही आया हूं। भई पेट में चूहे कूद रहे हैं। बहुएं इंतज़ार कर रहीं होंगी। बच्चे भी स्कूल से आ गए होंगे। मैं तो चला। फिर मिलेंगे,' और मैं जैसे-तैसे उससे जान छुड़ाकर भागा।

मैंने देखा स्कूल की बस खड़ी है। बच्चे बस से उतरकर घर के गेट के पास खड़े थे। एक बच्चा फाटक का गेट खोल रहा था। मैं जल्दी से वहां पहुंच गया और सुर में बोला, 'मैं आ गया, मैं आ गया।' मेरी आवाज़ सुनते ही सर्वप्रिय अपना बस्ता ज़मीन पर नीचे फेंककर दौड़कर मेरे पैरों में लिपट गया। मैंने उसे गोद में उठाकर चूम लिया। उस पर मेरा सारा प्यार उमड़ आया था। सब बच्चों ने झुक-झुककर मेरे पैर छुए। मैंने सर्वप्रिय को गोद से उतारकर एक-एक को प्यार किया। घन्टी को प्यार किया तो वह लगी सवाल पूछने, 'दादा जी इतने दिनों बाद क्यों आए? गिरीश अंकल तो जल्दी आ गए थे।'

'बेटी, वहां फंस गया था। जल्दी से घर चलो तुम लोगों की मम्मी इंतज़ार

कर रही होंगी।' और मैं पूरी बारात के साथ अविनाश और रेनुका के फ़्लैट में घुसा। उस दिन का खाना पहले ही की तरह रेनुका और अविनाश के घर में था। सर्वप्रिय ने ही तोतले सुर में बताया, 'दादा जी ताना सब लोग इछ घल में खाते हैं।' खाने की मेज़ पर सर्वप्रिय मेरी गोद में बैठा। मैंने छोटा-सा कौर बनाकर उसके मुंह में डाला। जब हम सब खाना खाने लगे तब गीता और रेनुका भी अपनी-अपनी प्लेट लेकर आ गईं। तभी चुलबुल चुलबुलाकर बोला, 'दादा जी! टन टन टंकारा कैसा था?'

'अपना दिल्ली बहुत अच्छा है। यहां तुम लोगों ने क्या-क्या किया?'

छोटा सर्वप्रिय चुटकी बजाकर तोतली आवाज़ में बोला, 'दादा जी मैं त्लास में फ़स्ट आया हूं और मैं मॉनीटल हूं।'

'अरे वाह सर्वप्रिय वाह,' मैंने सर्वप्रिय को प्यार कर लिया।

'दादा जी! सर्वप्रिय बहुत हांकता है।' घन्टी ने जड़ दिया।

'मैं तब हांकता हूं? मैं तो ठीक-ठीक बोलता हूं। यह घन्टी दीदी घन्टी बजाती लहती हैं।'

मैं सर्वप्रिय की बातें सुनकर दंग रह गया। ज़रा-सा छोकरा कैसी बड़ों की तरह बातें करता है।

'यह सबका लाडला है न दादा जी। बिगड़ैल है।' घन्टी बोली।

सर्वप्रिय घन्टी के टंगड़ी मारने ही जा रहा था कि मैंने उसे पकड़ लिया। 'चलो भई अब तुम्हाले घल चलते हैं। देखो तुम्हारी मम्मा बुला रही है।'

तभी रेनुका सबको बुलाते हुए आ गई। 'घर चलो, पापा जी इन सब बच्चों को होमवर्क करना है।'

'चलो भई सब लोग चलो।' मैं उठकर खड़ा हो गया। चुलबुल आगे आगे चला, गुनगुनी और सर्वप्रिय ने मेरे दोनों हाथ पकड़ लिए। फ़्लैट का ताला खोलकर रेनुका ने बच्चे संभाले और मैं अपने कमरे में चला गया।

नए फ़्लैट में मेरा कमरा कोने में था। मेरे कमरे में ठीक सामने की दीवार पर कमला की तस्वीर टंगी थी। ऐसा लगा वह आंख गड़ाकर मुझे देख रही है और उलाहना दे रही है। कमला की तस्वीर की तरफ़ पीठ करके मैं अपने पलंग पर पड़ गया।

रेनुका बच्चों को पढ़ाई-लिखाई में लगाकर मेरे कमरे में आ गई। 'पापा जी सो रहे हैं?'

'नहीं बेटा।' मैं उठकर बैठ गया।

'मैं तो आपसे सब बातें सुनना चाहती हूं। शुरू से बताएं। कैसे क्या हुआ? यह सरला जी कहां से आ गईं?'

'क्या बताऊं? बस यों ही दिमाग फिर गया था।'

'आपको मुझे बताना ही पड़ेगा।'

'जो बीत गया सो बीत गया। रेनुका मुझे उस दुनिया में नहीं जाना है।'

रेनुका यों मानने वाली नहीं थी। 'देखिए पापा जी! आपने शादी की है। टंकारा के आर्यसमाज में आपकी शादी की रजिस्ट्री हुई होगी। हुई थी न?'

मुझे याद आ गया, 'हां कुछ हुआ तो था।'

'तब तो आप परेशानी में पड़ सकते हैं'

रेनुका ठीक कह रही थी, पर अब क्या करूं? मैं लाचारी से बोला, 'तलाक की अर्ज़ी देनी पड़ेगी।'

'आप दीजिएगा तो शायद आपको हरजाना भी भरना पड़ेगा।'

'मैं सरला जी से अभी बात करता हूं।'

'नहीं आप मुझसे बिना पूछे किसी से कोई भी बात नहीं करिएगा। पापा जी आप प्रॉमिस करिए।'

मैंने रेनुका की तरफ़ देखा। रेनुका का माथा सिकुड़ा था, 'पता नहीं आप अपने को क्यों फंसा लेते हैं और मुसीबत मोल ले लेते हैं।' रेनुका झल्लाकर अपने कमरे में चली गई। अब तो मेरे मन में और बेचैनी बढ़ गई। मैंने सरला जी को इतना कम जाना था कि वह क्या सोचेगी, क्या करेगी। अगर उन्होंने मेरे ऊपर कोई मुक़दमा ठोंक दिया तब क्या होगा? यही परेशानी दिमाग़ में चढ़ गई। नींद हवा हो गई।

मैं तो परेशानी में पड़ा ही था अब कहीं मेरे बच्चे भी मुश्किल में न पड़ जाएं। सरला जी से कैसे छुट्टी पाऊं?

अगले दिन तैयार होकर मैं कचहरी गया और सीधे अपने मित्र वकील सरदार कमल सिंह के कमरे में गया। कमल सिंह अपनी कुरसी पर बैठा एक फ़ाइल देख रहा था। मुझे देखते ही उठा और मुझे अपने गले लगा लिया, 'दोस्त! कैसे आए? तुम तो बिलकुल दिखाई नहीं दिए। कहां ग़ायब हो गए थे?' फिर थोड़ा रुककर बोला, 'कमला के बिना... अकेले रहना भी बहुत कठिन है न?'

'हां। बहुत कठिन। ज़रा मुश्किल में पड़ गया हूं। वसीयत लिखना चाहता हूं।'

'ठीक है, अभी मुंशी जी को बुलाता हूं। वह तुम्हारा सब काम करवा देंगे।'

कमल सिंह ने अपने मुंशी को बुलाकर मुझसे मिलवा दिया और मैं मुंशी जी के साथ वसीयत के काग़ज़ तैयार करने चला गया। मैंने अपने दोनों फ़्लैट दोनों लड़कों के नाम करके अपनी वसीयत बनवा ली और उन्हें अपने मित्र सरदार कमल सिंह के पास रखवा दी। उसकी एक नक़ल मैंने भी ले ली और घर आ गया। घर पहुंचते ही रेनुका ने बताया कि उसके मोबाइल पर सरला जी का फ़ोन आया था।

'तुमने क्या कहा?'

'वह अभी बाहर गए हैं। आप एक घंटे बाद फ़ोन करें।'

रेनुका की बात सुनकर मेरे पसीने छूटने लगे। 'रेनुका। मैं फ़ोन नहीं लूंगा। तुम उनसे कह देना अभी नहीं लौटे।'

'पापा जी, मैं झूठ नहीं बोल सकती। आपको फ़ोन लेना ही होगा।'

मैं कुरसी पर अख़बार लेकर बैठ गया। आंखों के सामने अख़बार ज़रूर था पर मैं एक लाइन भी नहीं पढ़ पाया।

कान फ़ोन पर ही लगे थे।

तभी रेनुका के मोबाइल पर 'अभी तो मैं जवान हूं' गाने की धुन बजी। रेनुका ने अपना फ़ोन मुझे थमा दिया।

'आनन्द जी! नमस्ते। आप ठीक से पहुंच गए?'

'हां।'

'आप यहां कब आ रहे हैं?'

अब क्या कहूं? कह दूं कभी नहीं। पर मुंह नहीं खुला।

'आप यहां कब आ रहे हैं?' उसने सख़्ती से दोहराया।

मैंने हिम्मत बटोरी, 'ऐसा है सरला जी! यहां के काम समेटने में टाइम लगेगा। काम ख़त्म करके ही वहां आ पाऊंगा।'

'कुछ तो टाइम का अंदाज़ होगा।'

'अभी कल ही तो यहां पहुंचा हूं।'

'देखिए आनन्द सिन्हा! आपने मुझसे शादी की है। आप मुझे छोड़ नहीं सकते।'

'मैं कब कह रहा हूं, मैं छोड़ दूंगा?'

'आपके आने का इंतज़ार कर रही हूं।' सरला जी ने फ़ोन बंद कर दिया।

रेनुका आ गई, 'अब क्या कह रहीं हैं आपकी सरला जी?'

'मेरे आने का इंतज़ार कर रही हैं।'

'आप तो बड़ी उलझन में पड़ गए हैं पापा जी। इसमें आपकी कोई कैसे मदद करे?'

रेनुका तो कहकर चली गई। मैं उद्विग्न मन, कमरे में ही टहलता रहा। किसी करवट चैन नहीं आ रहा था। मैंने घड़ी देखी अभी बच्चों के स्कूल से आने में बहुत देर थी। तभी बाहर खट-खट सुनाई दी। मैंने दरवाज़ा खोला। सामने अम्मा जी की सहेली बूढ़ी माता जी डंडा लिए खड़ी थीं।

मैंने झुककर माता जी के पैर छू लिए।

'आनन्द हो न?'

'जी'।

उन्होंने 'खुश रहो।' कहकर आशीर्वाद दिया।

'बहुत दिन हो गए थे। तुम सबको देखे। रेनुका है घर में?'

'हां है, आप आइए।' मेरा दिल धक् से रह गया। पर मैं जल्दी से संभल गया।

माता जी अपनी टेढ़ी-मेढ़ी लाठी टेकती हुई अंदर आ गईं।

माता जी का सिर मुंडा हुआ था। आंखें चमक रही थीं। यह बाल विधवा थीं। सब मोहल्ले के लोग कहते थे यह माता जी सौ बरस से ऊपर हैं। किसी को उनकी ठीक उमर का पता नहीं था। गोरी, चिट्टी थीं, सिर मुंडा लिया था और गरमी, जाड़े सफ़ेद धोती और पूरी आस्तीनों का जम्पर पहने सदा बड़ी साफ़-सुथरी रहती थीं। वह तीखा सच बोलने के लिए ख्याति पाए थीं। पूरे मोहल्ले भर की सच पूछो संरक्षिका थीं। संन्यास तो ले रखा था पर संन्यास लेकर भी वह संसार में रमी थीं। हर घर की उन्हें पूरी ख़बर रहती थी। इतना ही नहीं, घर के छोटे-बड़े सदस्यों के नाम भी उन्हें कंठस्थ थे। सचमुच वह बिलकुल अद्‌भुत थीं। मैं उनके साथ अंदर आया। इतने में रेनुका भी आ गई,

'आइए माता जी। आपने बहुत दिनों बाद दर्शन दिए।' रेनुका ने माता जी के पैर छुये।

'हां बहू मैंने सुना आनन्द टंकारा घूमकर आया है। कैसा रहा टंकारा आनन्द?' उन्होंने मेरी तरफ़ देखकर पूछा।

'अच्छा रहा माता जी।'

'मेरा टंकारा देखने को बड़ा मन था। कभी जा नहीं पाई।'

'चलिए मैं आपको ले चलूंगा।'

'अब स्वर्ग में ही गंगा नहाऊंगी और वहीं टंकारा भी देखूंगी। देखो तो भगवान की कृपा। तुम्हीं को देखने आई थी और तुम्हीं ने दरवाज़ा खोला।'

माता जी को लेकर मैं ड्राइंगरूम में बैठ गया। रेनुका उनके लिए पानी का गिलास ले आई।

'आपको क्या खिलाऊं माता जी?'

'कुछ भी नहीं। दोनों टाइम सिर्फ़ काले चने का सत्तू खाती हूं।'

'आप खाना नहीं खातीं?'

'नहीं अब काले चने का सत्तू ही ठीक है। बिना दांतों के भी सत्तू से काम चल जाता है। कोई किसी तरह की परेशानी नहीं। अब इस उमर में तो कम ही खाना ठीक है। गुमसुम, घन्टी, चुलबुल, गुनगुनी और वह छुटका सर्वप्रिय, सब बच्चे स्कूल में होंगे न?'

'जी सब स्कूल गए हैं।'

रेनुका माता जी के साथ बातों में लग गई। मुझे मौक़ा मिल गया, 'मैं अभी गीता को बुलाकर लाता हूं। पड़ोस में ही तो है।' और मैं बाहर निकल गया, थोड़ी देर में मैं गीता को लेकर आ गया। उसने माता जी के पैर छुए। माता जी ने इस बीच रेनुका के साथ सारे घर का इन्सपैक्शन कर लिया था और गीता से बोलीं, 'रेनुका ने बताया कि गीता तुम्हारा घर भी बिलकुल ऐसा ही है।' फिर वह मेरी तरफ़ मुड़कर बोली, 'बेटा यह काम तुमने अच्छा किया। सब जन एक समान।' और उन्होंने मुस्कुराकर मेरी तरफ़ झुककर कहा, 'वैसे तो तुम बिगाड़ू हो बेटा संभालू नहीं हो।'

अपना नाम 'बिगाड़ू' सुनकर मैं गुस्से से भर गया। अभी तक उनके लिए मन में जो आदर लिए था वह पानी की तरह नीचे फिसलकर बह गया।

'मैं क्यों बिगाड़ू हूं माता जी?'

वह ज़ोर से हँसी, 'अब मुंह मत खुलवाओ।'

तमाचा-सा खाया हुआ मैं उनके पास से पलटकर जाने लगा।

'गुस्सा हो गए आनन्द! अब मैं भी चलूंगी बहू।' वह उठ खड़ी हुई और मेरे पीछे-पीछे कमरे में आ गईं।

'बुरा मान गए? अब ऐसा है आनन्द! तुम भी उम्रवाले हो गए हो। माया, मोह छोड़ो।' उन्होंने अपने साड़ी की किनारी से जोड़े हुए थैले में से एक रुद्राक्ष की माला निकाली, 'हाथ निकालो।'

'मैंने हाथ नहीं बढ़ाया।'

माता जी ने रुद्राक्ष की माला मेरे गले में पहना दी। 'अब बेटा गायत्री मंत्र जपो। विवेक बना रहे। बुद्धि बनी रहे। सदा खुश रहो।' कहती हुई वह बाहर चली गईं। मैं अभी भी गुस्से से भरा था। चलते समय उनके पैर भी नहीं छुए। मन में तरह-तरह के भाव जागने लगने, 'इस बुढ़िया को मेरे बारे में क्या-क्या पता है। ऐसी पहेलियां बुझाकर चलती बनीं। ज़रूर किसी ने मेरे कारनामे इसे बताएं होंगे। बड़ी चालाक है बुढ़िया। कौन हो सकता है? क्या रेनुका ने बताया? रेनुका तो बड़ी गंभीर है। वह कभी मेरी बुराई नहीं करेगी। गीता भी कभी किसी की बुराई, भलाई में नहीं पड़ती। सारी घर की बातें उस तक ही रहती हैं। हो न हो यह गिरीश ही होगा, बे पेंदे का लोटा, एक बार मन में आया गिरीश को उसी समय जाकर पकड़ूं। फिर यही सोचा, बेकार बात का बतंगड़ बनाने से कोई फ़ायदा नहीं।

मैंने घड़ी देखी। बच्चों के आने का समय हो गया था। मैंने जल्दी से जूते पहने और उन्हें लेने चला गया। बस सड़क के दूसरी तरफ़ आती थी। सड़क पार करके मैं बस स्टैंड पर खड़ा था। बस में जो-जो बच्चे आते थे और जिनके छोटे बच्चे थे उनकी मांएं, नौकर आदि सब खड़े थे। मांएं आपस में बतियाती हुई खड़ी थीं।

बस दूर से आती हुई दिखाई दी। मैं आगे बढ़ गया। बस ठीक वहीं हमारे सामने रुकी। सबसे पहले सर्वप्रिय कूदकर उतरा और धड़ाम से नीचे गिर पड़ा। उसके कंधे पर भारी बैग था। मैं उसे झुककर उठाने लगा कि दो मांएं आगे बढ़कर आईं और सर्वप्रिय को उठा लिया। सर्वप्रिय दहाड़ मारकर रो रहा था। मैंने उसे पुचकारकर उसका भारी बैग ले लिया। उसको प्यार किया, 'आजा मेरी गोद में।' मैं झुक गया, वह मेरे कंधे पर सवार हो गया और मेरे बाल

पकड़कर गले के दोनों तरफ़ पैर डालकर बैठ गया। इतने में, मोहल्ले के सारे बच्चे उतर आए। मेरे और चारों बच्चे भी उतरे। चुलबुल शिकायत करता हुआ बोला, 'यह सर्वप्रिय बिलकुल बेवकूफ़ है दादा जी! सबसे पहले कूदकर बस से उतरता है और रोज़ गिरता है।' और बच्चों ने भी उसकी हामी भरी।

सर्वप्रिय ने सुना तो रोते-रोते चुलबुल की तरफ़ इशारा करके कहने लगा, 'दादा जी यह झूठ बोलते हैं,' कहकर वह और भी ज़ोर से रोने लगा।

गुमसुम ने सर्वप्रिय का बैग ले लिया और चौराहे पर लाल बत्ती होने पर सबने सड़क पार की। सर्वप्रिय मेरे बाल पकड़े कंधे पर ही बैठा रहा। सड़क पार करके वह कंधे पर से उतरकर आगे आने लगा। चुलबुल ने लपककर उसका हाथ पकड़ लिया। घर में रेनुका और गीता इंतज़ार कर रही थीं।

दोनों अपने-अपने बच्चों को लेकर अपने-अपने घर जाने लगीं। तभी रेनुका ने सर्वप्रिय के सिर का गूमड़ा देख लिया।

'यह गूमड़ा कैसे पड़ा? कहां गिरा?'

सर्वप्रिय ने होंठ निकाल लिए। कुछ नहीं बोल पाया। घन्टी बोली, 'यहीं, बस दादा जी को देखते ही सबसे पहले बस से कूद पड़ा और धम्म से गिरा।'

'कितनी चोट लग गई। चलो जल्दी से दवा लगाती हूं।'

सर्वप्रिय 'मम्मा' कहकर और ज़ोर से रोने लगा। मैं जल्दी से कमरे में जाकर एक मीठी गोली ले आया और उसके गाल दबाकर मीठी गोली उसके मुंह में रख दी। सर्वप्रिय हँसने लगा। सर्वप्रिय सच मेरी जान था। मेरा सबसे चहेता था। और बच्चे तो बड़े थे एक सर्वप्रिय ही था, जो ज़्यादा समय मेरे साथ रहता था। सर्वप्रिय घर भर का दुलारा था। और मैं बच्चों के साथ उनके संसार में ही रमा रहता था।

सर्वप्रिय की एक-एक बात मुझे इतनी अच्छी लगती थी कि जब बिस्तर पर लेटता, वह मेरे बराबर लेटकर कहानी सुनता तो नई-नई कहानी बनाने में मुझे बड़ा ही आनन्द आता। मैंने अपने बच्चों के साथ यह सब कभी नहीं किया था और अपने दूसरे पोते-पोतियों के साथ भी नहीं। सर्वप्रिय सचमुच आनन्द प्रिय था। मैं जब उसके साथ रहता तो सब कुछ भूल जाता। हां हमारी अम्मा जी घर की मिश्राइन से, अक्सर कहा करती थीं, 'मूल से ज़्यादा ब्याज प्यारा होता है।' तब मेरी समझ में नहीं आता था। अब सर्वप्रिय के साथ रहकर उनकी बात समझ में आई। सोचते-सोचते मन में एक बात फिर आई, पर

सर्वप्रिय ब्याज कहां हैं, यह तो मूल है और मैं मन-ही-मन हँस पड़ा।

दिल्ली आकर फिर वही जीवन शुरू हो गया। मैं यहीं तो पैदा हुआ था, यहीं बड़ा हुआ था, यहीं पला था। इसी में जीया हूं मैं फिर से दिल्ली में रम गया। दिल्ली जैसा कोई शहर नहीं लगता। कितना खुशनुमा जीवन, हर आदमी काम में लगा रहता है। मैंने अपने वर्तमान जीवन की तरफ़ देखा। सब अच्छी-अच्छी बातें मन प्रसन्न रखती थीं और इन पांच बच्चों ने तो मेरे सामने फुलझड़ियां सी जला दी थीं। हर बच्चा जैसे रात में जुगनू की तरह रोशनी करता था। मेरे मन पर सबसे अधिक प्रकाश डालने वाला था मेरा सर्वप्रिय। सर्वप्रिय मेरी आंखों का तारा था। सुबह मैं जल्दी से इसीलिए उठता था कि सर्वप्रिय को स्कूल के लिए बस पर पहुंचाना है। फिर रेनुका को भी मेरा सहारा था। अविनाश चाहे जग भी जाता, वह करवट बदलकर लेट जाता था। ऐसे ही दोपहर में भी रेनुका के लाख कहने पर भी मैं दिन का खाना बच्चों के साथ ही खाता था। खाने के बाद रेनुका मुझे एक केला ज़रूर खिलाती थी और उस केले में से सर्वप्रिय भी एक मुंह ज़रूर मार लेता था। मैं भी केला मुंह में लगाने से पहले सर्वप्रिय की तरफ़ देखता और वह दौड़कर केला खाने आ जाता। रोज़ का यह ड्रामा देखने में सभी बड़े छोटों को बड़ा मज़ा आता था। जिस रोज़ केला नहीं होता, मैं सर्वप्रिय को एक कौर अपने हाथ से खिलाता और सब बच्चों को बुरा न लगे तो उन बच्चों को भी अपने हाथ से एक-एक कौर खिलाता थाँ। यह बात दोनों घरों में मशहूर थी। हां जब कभी कोई मेहमान आ जाता तब भी मैं अपना बच्चों को खिलाने का और खासतौर से सर्वप्रिय को खिलाने का नियम याद रखता था।

एक दिन मैं उठा। रेनुका के गाने की आवाज़ आई। मुझे गाना बड़ा अच्छा लग रहा था। वह चौके में थी। उसने शास्त्रीय संगीत सीखा था। वह आलाप लेकर गा रही थी, सारे बोल साफ़ सुनाई दे रहे थे,

'ए री मैका, सब सुख दीनों
दूध, पूत और अनधन लक्ष्मी
पिय पायो गोविन्द रंग भीनो
ए री मैका...

और उसने अन्तरा लिया

'पतित उधारन, जस विस्तारन

कृपा करन दुख हरन, सुख कऱन
आज हूं के सब लायक कीनो
ए री मैका...'

और गाने के बाद उसकी आवाज़ आई 'बाप रे बाप,' अरे बच्चो! सब तैयार हो गये?' मैने अख़बार एक तरफ़ रख दिया।

तीनों बच्चे अपना-अपना बस्ता लिये खड़े थे। मैंने सर्वप्रिय से उसका बस्ता ले लिया। मैं सुबह बच्चों को बस में चढ़ाकर उधर ही से घूमने निकल गया। नाश्ता भी मैंने बच्चों के साथ ही कर लिया था। मैं रेनुका को बताकर गया था। सोचा था बाज़ार से बच्चों के लिए कहानी की किताबें भी ले लूंगा। यों भी मुझे पढ़ने का तो वैसे भी शौक़ था पर जबसे सर्वप्रिय आ गया था तो उसे पहले छोटी-छोटी कहानियां सुनाता था पर अब किताब पढ़कर कहानी सुनाने लगा। कहानी सुनने, घन्टी और गुनगुनी भी आ जाती। उन दोनों को भी कहानी सुनने का बड़ा शौक़ था। मैं किताबों की दूकान पर खड़ा होकर एक बच्चों की किताब का पन्ना पलट रहा था। वह बड़ी सुंदर चित्र पुस्तक थी कि तभी किसी ने मेरे कन्धे पर हाथ मारा, मैंने मुड़कर देखा, वह गिरीश था, 'यार कहां रहते हो? आज क्या गुल खिला रहे हो?'

'कुछ भी नहीं। बच्चों के लिए किताबें ख़रीद रहा हूं।'

'अरे यहां क्या समय ख़राब कर रहे हो। चलो अपन पिक्चर देखकर आते हैं, कोई नई आई है। सुनते हैं बड़ी ज़ोरदार है।'

'नहीं भई मैं पिक्चर-सिक्चर नहीं जाता।'

'अरे चलो भी। मेरी धर्मपत्नी, धर्म, कर्म करने हरिद्वार गई हैं। उसने बहुत पाप किए हैं। पाप धोने गई है। और हमने खाली पुण्य किए हैं।' वह ठठा मारकर हँसा।

'अब तुम यहां मस्ती कर रहे हो?'

'और क्या। तुम तो अकेली जान हो, जो चाहो, जब चाहो कर सकते हो। मैंने तुम्हारी तरह कुछ किया तो मेरा तो मुंडन हो जाएगा।'

मैंने उससे यह भी कहा कि मुझे बच्चों को बस पर से लेने जाना है। उसने घड़ी में समय का हिसाब लगाकर बताया, 'पिक्चर तो बारह बजे ख़त्म हो जाती है और बच्चे दो बजे आते हैं। बहुत वक़्त है। चले जाना।'

मेरी भी समझ में आ गया और मैं गिरीश के साथ पिक्चर देखने चला

गया। पिक्चर उछलकूद से ही शुरू हुई थी और फिर एक्टर तथा एक्ट्रेस का रोमांस शुरू हुआ। यह पिक्चर पहले की पिक्चरों की तरह तो बिलकुल नहीं थी। मैं अचरज से भर गया। गाने भी उछल-कूद वाले थे। पहले के गाने तो दिल को छूने वाले होते थे। एक बेतुका सीन चल रहा था कि हॉल की बिजली चली गई। पूरे सिनेमा हॉल में अंधेरा छा गया। सीटियां बजने लगी। तब तक बिजली का जेनेरेटर चला और पिक्चर फिर से शुरू हुई। पर इसी आने जाने वाली बत्ती की आंख मिचौनी ने पिक्चर की अवधि बढ़ा दी। इंटरवल में मैंने घड़ी में देखा, बारह बजा था। मैं जाने के लिए उठा पर गिरीश ने मेरा हाथ पकड़ लिया, 'एक बजे चले जाना।' मैं फिर से बैठ गया। असली पिक्चर अब शुरू हुई थी। पिक्चर में कहानी बहुत ही गहरी थी मैं उसमें रम गया, समय का ध्यान ही नहीं रहा।

पिक्चर ठीक डेढ़ बजे खत्म हो गई। मैं हॉल से जल्दी-जल्दी बाहर निकला, गिरीश से विदा लेकर ऑटो पकड़कर घर की राह ली। रास्ते में ऑटो रुक गया और ऑटो वाले ने कह दिया, 'साहब! दूसरा स्कूटर ले लीजिए। इसमें गैस खत्म हो गई। आप पैसे मत दीजिए।' मैं मीटर देखकर उसे पैसे देने लगा। पर उसने पैसे लेने से मना कर दिया। मैं वहीं सड़क पर खड़ा होकर ऑटो का इंतज़ार करने लगा।

मैं बीच-बीच में घड़ी भी देखे जा रहा था। आखिर एक ऑटो रुका और मैं जल्दी से उस पर सवार हुआ और ऑटो चल दिया। पौने दो बज गया था। बस स्टैंड पहुंचने से पहले सड़क पर जाम लगा था। थोड़ी देर और हो गई। जब ऑटो, बस स्टैंड पर पहुंचने ही वाला था देखा कि सड़क के दूसरी तरफ़ बस खड़ी हुई थी और बस से बच्चे उतर रहे थे।

बच्चों को स्टैंड पर उतारकर बस चल दी। ऑटो से उतरकर मैं भी सड़क के इस तरफ खड़ा था। उधर सर्वप्रिय ने मुझे सड़क के इस तरफ़ खड़े देखा तो वह गुमसुम का हाथ छुड़ाकर सड़क पर आ गया। मैं इधर से चिल्लाने लगा, 'अभी नहीं, मैं आ रहा हूं वहीं रुको सर्वप्रिय।' पर सर्वप्रिय... और वह तेज़ी से आता हुआ एक ट्रक के पहिए के नीचे। मैं भौंचक्का-सा खड़ा था। ट्रक वाला ट्रक लेकर भाग गया। ट्रैफ़िक रुक गया, भीड़ जमा हो गई। मैं भीड़ चीरकर उसके पास पहुंचा, सर्वप्रिय के सिर से खून की धार बह रही थी और वह बेहोश था। मैंने उसे गोदी में उठा लिया। एक आदमी ने उसकी नाक

के सामने हाथ रखकर कहा, 'इसे अभी अस्पताल ले जाओ, सांस चल रही है।' सारे बच्चे भी वहीं खड़े थे। मैंने उनसे कहा, 'तुम लोग जल्दी से घर जाओ और रेनुका को एक्सीडेंट के बारे में बता दो, मैं सर्वप्रिय को लेकर अस्पताल जा रहा हूं।'

बच्चे वहां से चले गए। एक भलेमानस ने अपनी कार रोककर दरवाज़ा खोल दिया। 'आइए जल्दी से बैठिए। फ़ौरन अस्पताल चलते हैं।'

मैं सर्वप्रिय को गोदी में लिए कार में बैठ गया। कार चल दी। मेरा दिमाग़ जैसे बंद हो गया था। कुछ समझ में नहीं आ रहा था। कार वाले सज्जन ने अपनी कार अस्पताल में ठीक इमरजेंसी के पास रोक दी, 'आपकी क्या मदद करूं?'

'आप मेरे घर फ़ोन कर दीजिए कि मैं अस्पताल में इमरजेंसी में हूं।' मैंने घर का नंबर बताया और उन्होंने नोट कर लिया।

मैं सर्वप्रिय को गोद में लेकर इमरजेंसी में गया। डॉक्टर ने फ़ौरन सर्वप्रिय की जांच की। मैं कमरे के बाहर खड़ा था। मेरी सांस ऊपर की ऊपर और नीचे की नीचे थी।

सर्वप्रिय को कमरे में गए पंद्रह मिनट हो चुके थे। मेरी बेचैनी बढ़ गई। एक नर्स कमरे के बाहर निकली, 'आप बच्चे के कौन हैं?'

'दादा।'

वह निर्मोही नर्स बोली, 'आपका बच्चा ख़त्म हो गया।'

'क्या?' मैं वहीं ज़मीन पर बैठ गया। मेरी आंखों के सामने अंधेरा छा गया। कुछ लोगों ने मुझे पकड़कर सामने की बेंच पर बिठा दिया। मैं गुमसुम बैठा था कि रेनुका और गीता भी आ गईं। रेनुका मेरे सामने खड़ी थी, 'पापा जी सर्वप्रिय कैसा है?'

मैं चुप। गीता मेरे पास बैठ गई। रेनुका इमरजेंसी के कमरे के दरवाज़े के पास पहुंची और नर्स ने उसे भी बताया कि बच्चा गुजर गया। मुझे रेनुका की आवाज़ सुनाई दी, 'क्या? क्यों झूठ बोलती हो?'

'नहीं भरोसा है, तो देख लो।' रेनुका नर्स के साथ कमरे में चली गई।

गीता मुझे संभाले थी। मेरी चुप्पी से ही वह समझ गई थी कि तभी पास बैठे आदमी ने उससे सर्वप्रिय के गुज़रने की बात कह दी। गीता मेरे पास ही बैठी रही। वहीं से बैठे-बैठे उसने मोबाइल पर पहले अखिल को, फिर

अविनाश को, फिर बच्चों को दुखभरी खबर बता दी। मैं पत्थर बना सब कुछ सुन रहा था। मेरे आंसू सूख चुके थे। सर्वप्रिय की शक्ल दिमाग़ में घूमने लगी। वह मेरे दिल का टुकड़ा था। मुझे छोड़कर चला गया। सोचकर मन में बड़े ज़ोर की हूक उठी। मैं माथे पर हाथ रखकर वहीं बेहोश हो गया।

जब मेरी आंख खुली तो मैं घर में था। गीता मेरे पलंग के पास बैठी थी वह मेरे मुंह पर पानी छिड़क रही थी।

'सर्वप्रिय कैसा है?'

'हम लोग सब उसको लेकर जा रहे हैं। आप घर पर ही रहिए।'

'क्या?' मैं बेतहाशा उठकर बैठ गया और पैर में चप्पल डालने लगा।

मेरी आवाज़ सुनकर अखिल और अविनाश दौड़े हुए आए, 'पापा जी! आप यहीं रहिएगा। हम लोग जा रहे हैं।'

'मुझे तुम लोग उसे देखने भी नहीं दोगे?'

'चलिए उठिए,' अखिल झल्लाकर बोला।

मैं कमरे के बाहर निकला। घर में भीड़ थी। मुझे देखकर घन्टी और गुनगुनी आ गई। दोनों ने मेरे हाथ पकड़ लिए। सर्वप्रिय का निर्जीव शरीर सफ़ेद चादर पर ज़मीन पर पड़ा था। रेनुका उसके पास बैठी थी। उसने सिर उठाया और सर्वप्रिय को छोड़कर मुझसे चिपटकर हूक मारकर रोने लगी, 'पापा जी सर्वप्रिय चला गया। मेरा फूल चला गया।'

मैंने उसको चिपटा लिया। मेरे आंसू सूख चुके थे। मैंने एक लंबी सांस ली। जैसे ही रेनुका ने मुझे छोड़ा मैं सर्वप्रिय के पास बैठ गया और उसके शरीर पर सिर रखकर हूक मारकर रो पड़ा। अखिल और अविनाश ने मुझे पकड़कर सर्वप्रिय के पास से हटा लिया। मैं सर्वप्रिय का सुन्दर चेहरा देखने लगा। ऐसा लगा कि जैसे वह सो रहा है और मैं उसे आवाज़ दूंगा तो फट से उठ जाएगा। मैं चिल्लाने लगा, 'सर्वप्रिय, स्कूल का टाइम हो गया, स्कूल का टाइम हो गया।'

मैं चिल्लाता ही रहा। सर्वप्रिय की आंखें बंद ही रहीं। रेनुका बेहाल थी। सिर पटक-पटककर रो रही थी। गीता ने रेनुका को संभाला और मुझे, गुमसुम और चुलबुल ने। पास के खड़े सभी घर वालों ने एक-एक करके सर्वप्रिय के माथे पर चुम्बन दिया। वहीं एक डोलची में ख़ुशबू वाले गुलाब के फूल रखे थे। सबने सर्वप्रिय के निर्जीव शरीर पर फूल चढ़ाए। अविनाश ने सर्वप्रिय

को गोद में उठा लिया। अब रेनुका को जाने क्या हुआ वह मेरी तरफ़ मुड़कर बोली।

'पापा जी आप ही सर्वप्रिय को गोद में ले जाएं।'

तभी अखिल आगे बढ़कर आ गया, 'नहीं। पापा जी नहीं, अविनाश ले जाएगा।' रेनुका दूर खड़ी हो गई। उसने मेरी तरफ़ देखा और मैंने आंखें नीची कर लीं।

अविनाश, सर्वप्रिय को गोद में लेकर आगे-आगे चला। अखिल भी उसी के साथ हो गया। सब लोग उसके पीछे। वैन में बैठकर सब लोग सर्वप्रिय को श्मशान घाट ले गए। मुझे नहीं ले गये। मेरे मन में तूफ़ान उठ रहा था। मैं अपने पलंग पर जाकर पड़ गया। उसी समय वही बूढ़ी माता जी टेढ़ा-मेढ़ा डंडा टेकती हुई कमरे में आ गईं। 'कैसे हो आनन्द भैया?'

'ठीक हूं।' मैंने उठकर उनके पैर छू लिए। वह मेरे पास मेरे पलंग पर ही बैठ गई।

'देखो भैया! हर आदमी को दुनिया में ग्यारह नंबर पूरे करने पड़ते हैं। यह ग्यारह नंबर दुख-सुख मिलकर बनते हैं। पता नहीं यह ग्यारह नंबर कब पूरे होते हैं? पाप और पुण्य इस जन्म के ही नहीं, पूर्वजन्म के भी होते हैं। जैसा होने वाला होता है, वैसा ही बेटा दिमाग़ हो जाता है और आदमी उलटे-सीधे काम करता है।'

मैं तनिक भी माता जी की बातें, प्रवचन सुनने के मूड में नहीं था। मैं उठा, 'माता जी मैं अभी आता हूं। बाथरूम जाना है।' मैं चप्पल पहनकर बाथरूम में घुस गया। थोड़ी देर इंतज़ार करके माता जी कमरे से चली गईं। मैं बाथरूम से निकलकर फिर पलंग पर पड़ गया।

अब मेरा कार्यक्रम क्या होगा? संसार से मेरा मन उचट गया था। भगवान का स्मरण करने को भी मेरा मन नहीं चाहा। आखिर उन्होंने मुझे इस दंड का भागी क्यों बनाया। सर्वप्रिय की जगह मुझे क्यों नहीं उठा लिया? यह महादुख क्यों दिया? मैं अपने से, एक के बाद एक प्रश्न पूछे जा रहा था। तभी कमरे में घन्टी आ गई। 'दादा जी बाहर चलिए,' सुनकर मेरा गला रुंध गया।

मैंने सिर हिलाकर मना कर दिया।

'चलिए, मम्मा और ताई जी आपका इंतज़ार कर रही हैं।' घन्टी ने मेरा हाथ पकड़कर मुझे उठा दिया। मैं चप्पल पहनकर खड़ा हुआ। लगा जैसे मेरे

पैरों से जान ही निकल गई हो। तभी एकदम से एक विचार मन में लहर की तरह से आया, 'नहीं, नहीं, नहीं। मैं मुर्दा बनकर नहीं जिऊंगा।' यह सोच आते ही जाने कहां से पैरों में ताकत-सी आ गई। मैंने घन्टी से कहा, 'गुड़िया! मम्मी से कहना मैं अभी आता हूं।' वह बाहर चली गई।

मैंने मेज़ पर से पैड उठाकर उसके एक पन्ने पर लिखा।

'मैं जा रहा हूं। तुम लोग मुझे कहीं नहीं ढूंढ़ना।'

आनन्द सिन्हा

वह पन्ना फाड़कर तकिए के नीचे रखकर मैंने अलमारी से कमला का थैला निकाला। उसमें अपने कपड़े रखे और अपना पर्स उठाया। कुछ सोचा, थैला वहीं छोड़कर चुपचाप कमरे के बाहर आया। सब लोग रेनुका के कमरे में रेनुका के पास बैठे थे। सन्नाटा था। मैं जल्दी से कमरे में से थैला उठा लाया। बाहर का दरवाज़ा खुला था। मैं दबे पांव घर के बाहर निकलकर ऑटो लेकर सीधे बस अड्डे पर गया। तभी मैने देखा, हरिद्वार जाने वाली बस खड़ी है। मैं फ़ौरन टिकट लेकर उसमें बैठ गया। खिड़की के पास की मुझे सीट मिली थी। दिल्ली शहर से अलविदा। बस चल दी। मैं बाहर का नज़ारा देखता रहा। बस, यहां-वहां रुकती-रुकाती हरिद्वार पहुंची। ज़्यादातर सफ़र करने वाले लोग तीर्थयात्री थे और मैं भी उनके साथ एक तीर्थयात्री बन गया। मन में हल्कापन लग रहा था। दुनिया के रिश्ते नाते छोड़कर, कमला के भजन की वह लाइन याद हो आई।

'माया, मोह ने घेरा मुझे, कृपा करके दो ज्ञान प्रभो!' और 'कृपा करके दो ज्ञान प्रभो।' वह ऊंची आवाज़ करके दोहराती थी। उस समय मुझे उस पर बड़ी हँसी आती थी और आज वही लाइन दिमाग़ में बार-बार घूम रही थी।

बस से उतरकर मैं सीधे गंगा तट पर गया। गंगा के किनारे अपना थैला रखकर मैंने कमीज़ उतारी और गंगा जी में टहल गया। ठंडे पानी ने मेरा शरीर और साथ बोले गये मंत्र ने मेरा दिमाग़ शांत कर दिया था। पास में एक संन्यासी हाथ जोड़े-जोड़े आंखे भींचे खड़ा था और कोई मंत्र बुदबुदा रहा था। मुझे तो बस एक ही मंत्र, गायत्री मंत्र याद था। मैंने भी हाथ जोड़कर गायत्री मंत्र और उसके अर्थ पूरी आवाज़ में कहे।

'ओ३म् भूर्भुवः स्वः तत्सवितुर्वरेण्यं भर्गोदेवस्य धीमहि धियो योः नः प्रचोदयात्।

हे ईश्वर! उस प्रकाशमय सबको चलाने वाले ईश्वर की उस प्रसिद्ध अति उत्तम ज्योति को हम धारण करें। वह हमारी बुद्धि को बढ़ाएं।'

गायत्री मंत्र में सचमुच कोई शक्ति थी। मैं जाने कितनी देर आंखें बंद किए गंगा के पानी में खड़ा-खड़ा मंत्र जपता रहा। जब मैंने आंख खोली, चारों तरफ़ अंधेरा और नीरव शान्ति थी। केवल मंदिरों में रोशनी थी और एक मंदिर से भजन की आवाज़ भी सुनाई दे रही थी।

मैं पानी से बाहर निकला। कपड़े बदले और अपना थैला उठाकर उसी मंदिर की तरफ़ चल दिया। मंदिर के पास अनगिनत साधू-संन्यासी बैठे थे। एक संन्यासी ने मुझे इशारे से बुलाया और अपने पास बिठा लिया। मैं वहीं उसी के पास अपनी चादर बिछाकर लेट गया। बड़ा थका था। आंख बंद करते ही गहरी नींद में सो गया।

❑❑❑